浙江金融职业学院中国特色高水平高职学校建设系列成果

杭州市哲学社会科学规划课题
"高质量发展社会信用体系持续优化杭州营商环境的路径研究"（M23YD005）成果

金 苑 文 库

FUSION AND SYMBIOSIS

VOCATIONAL EDUCATION ECOSYSTEM
AND ENTERPRISES' DIGITAL TRANSFORMATION

融合共生

职业教育生态体系
与企业数字化转型

陈杏头◎著

ZHEJIANG UNIVERSITY PRESS
浙江大学出版社
·杭州·

图书在版编目(CIP)数据

融合共生：职业教育生态体系与企业数字化转型 /
陈杏头著. — 杭州：浙江大学出版社，2023.7
　ISBN 978-7-308-23910-3

　Ⅰ. ①融… Ⅱ. ①陈… Ⅲ. ①职业教育—关系—企业
管理—数字化—研究 Ⅳ. ①G71②F272.7

中国国家版本馆 CIP 数据核字(2023)第 105318 号

融合共生:职业教育生态体系与企业数字化转型

陈杏头　著

责任编辑	陈思佳(chensijia_ruc@163.com)
责任校对	宁　檬
封面设计	雷建军
出版发行	浙江大学出版社
	(杭州市天目山路148号　邮政编码310007)
	(网址:http://www.zjupress.com)
排　　版	杭州晨特广告有限公司
印　　刷	广东虎彩云印刷有限公司绍兴分公司
开　　本	710mm×1000mm　1/16
印　　张	12.25
字　　数	180千
版 印 次	2023年7月第1版　2023年7月第1次印刷
书　　号	ISBN 978-7-308-23910-3
定　　价	68.00元

前　言

　　数字化转型已经提升到了国家战略的高度,成为所有企业的必选项,已有很多企业尝到了数字化转型的好处,但我国有80%以上的中小企业仍然面临着数字化转型过程中的一系列困难,关键是资金、技术和人才的短缺。为此,工业和信息化部办公厅、财政部办公厅于2022年8月15日联合颁布了《关于开展财政支持中小企业数字化转型试点工作的通知》(工信厅联企业〔2022〕22号),主要是帮助中小企业解决资金和技术问题。不过,在企业数字化转型过程中,资金和技术很重要,人才更重要,技术问题的解决除了靠资金,还得靠人才。为了培养出各行各业紧缺的各类数字化人才,相关部门也出台了一系列政策措施,很多学校更是积极地调整专业结构,设置数字化相关专业。职业教育在数字化技能人才培养方面承担着很重要的责任,可实际上我国大量职校毕业生就业质量不高,甚至就业困难。一方面是企业数字化转型急需人才,另一方面是职业院校毕业生就业困难,社会存在如此矛盾的现象,说明职业教育培养的人才与企业的要求之间存在差距,无法满足企业数字化转型的需求。那么,职业教育的人才培养与企业数字化转型需求之间矛盾的现象是否源于职业教育和企业数字化转型相互脱节?两者能不能融合发展,以缓解甚至消除这种矛盾的现象并促进两者发展的良性循环?

　　大量的文献已经指出了企业数字化转型中数字化人才的重要性,尤其是复合型数字化人才的重要性(如:朱孟克和夏咏,2022;朱瑞,2022;等等),并且提出了通过职业教育的创新、人才培养模式的转变、产教融合实践的深化等措施来培养人工智能人才(如:李秋斌,2018;陈琳等,2018;姚玲,2019;韦妙和李朦,2020;等等)。可见,职业教育能为企业数字化转型培养相关的人才,倘若职业教育与企业数字化转型能进一步地融合发展,就既能协助解决企业数字化人才的短缺问题,又能实现职校毕业生的高质量就业。基于此，本书借鉴生物界的共生理论，研究了企业数字化转型与职业教育之间的融合共生关系，并基于企业数字化转型中的人才困境与职业教育发展面临的一系列问题，构建了职业教育生态体系以及两者共生发展的优化策略。

目　录

第一章
研究综述

――――

第二章
国内外研究现状

――――

第三章
企业数字化转型的背景及意义

――――

第四章
企业数字化转型的现状及困境

————

第五章
企业数字化转型的人才短缺现状及原因

————

第六章
我国职业教育发展情况

————

第七章
职业教育发展之挑战及机遇

————

第八章
职业教育与企业数字化转型的融合共生性
——

第九章
共生视角下职业教育生态体系构建
——

第十章
共生系统的优化策略
——

第十一章
职业教育发展之拙见
——

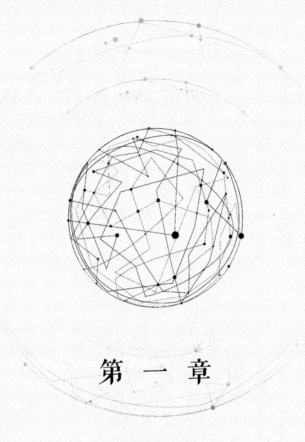

第 一 章

研究综述

一、研究背景

(一)企业数字化转型是必然的趋势

当前,互联网技术,特别是移动互联网技术的飞速发展,使许多国家把发展数字经济作为促进经济发展的重要战略。近年来,数字经济也成为我国经济发展的重要战略。在这个大背景之下,企业数字化转型成为企业发展的必然选择。同时,很多中小企业面临着激烈的市场竞争,数字化转型可以降低企业成本、推动企业研发出更好的产品、提升企业的服务质量等,从而增强企业的竞争力,因此,数字化转型很多时候关乎企业的生死存亡。

(二)企业数字化转型面临着一系列困难,尤其是人才短缺困境

从现有的调查来看,大部分的中小型企业都面临着转型困难。各种类型的企业也很难找到统一的方法来进行有效的数字化转型,很多时候在进行错误的、浮于表面的转型,可能还会给员工带来一些不必要的压力。因此,虽然很多企业的确借助数字化的手段来进行转型,但结果似乎不尽如人意。很多中小型企业由于地理位置偏僻,所招收的员工大多文化水平不高,过快的数字化转型反而导致资金、人力的浪费。

《中国科技信息》2022年第2期的"2021年企业数字化转型困难统计"显示,"数字化人才缺乏"在所有困难中占比18.6%,似乎比例不高。

但实际上,其他的很多困难,比如算法及伦理道德问题、数据治理能力弱问题、对数字化价值表示怀疑问题等,从根本上来说也是人才缺乏所造成的。可见,企业数字化转型面临的一系列问题中,人才短缺问题是关键。

(三)职业教育面临发展困境

1.职业教育的社会认可度低

自从专升本政策放开之后,很多高等职业院校的学生都会选择用专升本的方式提高学历。笔者所在的学校,很多班级一半以上的学生都会通过专升本的方式提高学历。社会上普遍存在职业教育培养的技能型人才相对"低等"的观念,人们普遍认为学历高一点更有竞争的优势,就业前景更好且更有保障。而有这样的观念其实是有其原因的,很多制度安排都是有歧视性的。比如:很多国企,也有民营企业,在人才选拔的时候,都要求学历本科以上,甚至要求毕业于985、211学校;无论是国企还是民企,其晋升机制也往往与学历挂钩;积分落户更是如此,还有与落户相关的购房资格、购车资格和子女就学资格等,统统与学历挂钩。这样一来,在中国选择职业教育,就变成了社会阶层的选择。这显然不符合人们的意愿。职业本科的发展为职业教育提供了学历提升的通道,使得职业教育的天花板不再受限于专科层次,但这是否能改变人们对职业教育的偏见,还需要时间和实践的检验。

2.数字化给职业教育带来了冲击

一是数字化带来的产业革命使得社会职业种类和社会职业结构发生了变化,给职业教育带来了专业内涵转变、传统专业被淘汰、新兴专业需求猛增等挑战。二是数字化对传统的职业教育教与学产生了冲击,智能辅助手段不断被引入职业教育的课前、课中和课后,对教师的教学方式和学生的学习方式产生了诸多影响。人工智能的迅猛发展为人类社会提出了"机器换人"的时代课题,极大地改变了劳动力市场的供需数量、质量和结构,这给职业教育人才培养和教育教学带来了巨大挑战。职业院校人才培养如何瞄准市场需求,如何培养高素质职业人才,如何在职业教育教学中用好智能设备,都是亟须解决的问题。三是数字化的迅猛发展倒逼职业教育思考:人类智能与人工智能究竟有何不同?职业教育究竟要培养什么样的人?如何培养人,才能使他们不被机器替代并真正具备核心竞争力?

二、研究意义

一方面是企业数字化转型缺乏相关的技术技能人才,另一方面是职业教育发展面临一系列的困境,能否将两者结合起来进行协同发展?这是本书的出发点。目前的研究多集中于企业数字化转型或者职业教育,将两者结合起来的研究仅限于数字化给职业教育带来的挑战和机遇等较为宽泛的主题,以及职业教育培养人工智能人才等方面,两者共生发展方面的研究还没有。本书将深入研究企业数字化转型与职业教育发展之间的整合共生性、企业数字化转型与职业教育共生发展面临的困境,以及两者共生发展的职业教育生态体系和两者共生发展的优化策略等,希望为企业数字化转型和职业教育发展面临的困境提出纾解的对策与建议,促进两者协调发展。

三、研究思路

本书从企业数字化转型和职业教育体系两个角度切入,研究其各自的现状和面临的发展问题,找出企业数字化转型过程中哪些痛点是由技术技能型人才短缺所造成的,并深入分析其中的原因。同时,研究企业数字化转型背景下,职业教育的发展机遇、职业教育体系与企业数字化转型的融合共生性以及两者融合发展的困境。基于此,构建出与企业数字化转型共生发展的职业教育生态体系,并提出两者融合发展的优化策略和创新方案。

四、研究内容

(一)企业数字化转型的背景、现状、困境及原因

本书重点研究企业数字化转型中由职业技能人才短缺所带来的问题，并从社会环境因素、职业教育体系、企业培养体系等方面深入分析企业数字化转型背景下职业技能人才短缺的原因。

(二)企业数字化转型背景下，职业教育发展的现状、问题及原因

本书着重从数字化转型的行业企业层面剖解当前职业教育体系所存在的问题及其原因，并对新修订的《职业教育法》实施过程中将面对的困境及其成因进行研究。

(三)企业数字化转型与职业教育发展的融合共生性、融合困境及策略

本部分主要包括企业数字化转型与职业教育发展的融合共生性研究、职业教育与企业数字化转型融合发展的实践困境、适合企业数字化转型人才培养的职业教育生态体系、企业数字化转型与职业教育融合发展的优化策略等。

五、研究步骤

首先，搜集、梳理出目前与职业教育、职业技术技能人才、企业数字化转型等相关的政策措施及其实施情况。

其次，在前人研究成果的基础上，调查分析企业数字化转型的现状及过程中所遇到的问题，并进一步从中找出与人才短缺相关的问题。研究企业数字化转型中的人才短缺现状、职业院校学生的需求情况，深入分析人才短缺的原因，如企业自己培养人才的难点、当前职业院校的毕业生与岗位的匹配度、用人单位视角下的职业教育短板等。

再次，调查分析当前数字化转型背景下职业教育体系所存在的问题

及其原因：一是从家长和学生的角度，分析他们对选择职业教育的顾虑、选择专升本的原因；二是从企业或其他用人单位的角度，分析其对职业教育与职校毕业生的态度及其原因；三是从社会角度，分析职业教育发展面临的障碍；四是从职业教育专业人士的角度，分析职业教育体系当前所存在的问题以及发展所面临的困境。

最后，在前述基础上，对共生理论进行研究分析，并对企业数字化转型与职业教育发展的融合共生性进行详细论证，吸收社会上的成功案例，研究企业数字化转型与职业教育发展的融合困境和策略，构建与企业数字化转型共生发展的职业教育生态体系，提出职业教育与企业数字化转型共生发展的优化策略。

六、研究价值

截至目前，虽然有关于企业数字化转型中人才短缺问题的研究，也有职业教育如何培养人工智能人才的相关研究，但几乎没有对职业教育发展与企业数字化转型的融合共生性的研究。企业数字化转型不仅需要掌握高精尖技术的数字化人才和进行系统整合的高端管理人才，还需要数字化设备操作、数字化平台运营维护、数据分析、数字化采购、数字化营销、数字化顾客关系管理等方面的职业技能人才，而此类人才的需求量将越来越大，这正是职业教育可以大展拳脚的空间，也是破解职业教育当前发展困境之机会。职业教育与企业数字化转型具有共生发展的特质。然而，受社会观念、制度歧视和职业教育本身缺陷的影响，当前职业教育培养的人才，社会认同度不高，更不能满足企业数字化转型的需要。因此，在研究职业教育发展与企业数字化转型的融合共生性基础之上，构建出两者融合发展的生态体系，推进两者之间的融合共生关系，可以推动职业教育高质量发展，培养出社会急需的数字化人才，从而促进企业数字化转型的成功。

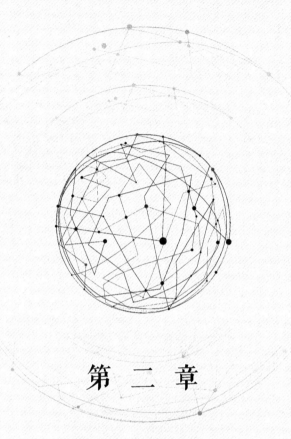

第 二 章

国内外研究现状

目前为止,有关本书主题的研究主要分成两类:一是关于企业数字化转型的研究;二是关于职业教育的研究。将企业数字化转型和职业教育结合起来的研究目前几乎没有。

一、关于企业数字化转型的研究

关于企业数字化转型的研究主要是从以下两个方面进行的。

(一)企业数字化转型的利益、路径及转型实效

关于这方面的研究颇多。

黄岱渊等(2021)认为,新冠疫情席卷全球,给很多企业造成了发展困境,不过,数字化给企业带来了新的发展契机,畅通了与外界交流的通道,提高了企业的生存能力,增强了企业的竞争力。

于伟(2022)基于企业数字化转型的路径分析,提出了包括转型战略、企业文化建设、组织结构变革等在内的企业数字化转型综合模型,并基于数字网络理论提出了建立并维持竞争优势的有利环境创造模式。

朱瑞(2022)从人力资源视角,通过建立人力资源管理指标、提升管理者认知、构建数据管理制度、建设数据管理平台等,进行了企业数字化转型的路径探索。尽管越来越多的企业将数字化转型放到了战略地位,但大量企业仍面临着转型成效的问题。

李慧巍(2022)基于对浙江省绍兴市的调查,认为多数企业面临着数

字化转型的压力,数字化转型推进缓慢而且难出实效。

中小制造企业的数字化转型会因转型情境不同而产生差异。在数字化转型过程中,传统企业应当注重转变思维模式,调整企业内部的管理结构,只有吸引和培育数字化复合型人才能有助于企业转型成功,并更好地适应企业的数字化变革(朱孟克和夏咏,2022)。

同时,改变企业内外部环境也能促进企业的数字化转型产生实效(Bob et al.,2018)。Teece(2018)认为,数字化转型并非一项孤立的活动,企业与政府部门、数字平台以及同行企业之间应该不断交流以获取创新资源。

胡青(2020)基于对浙江省民营企业的调查,发现外部网络关系嵌入与内部学习导向使得企业数字化转型对企业绩效有正向调节作用,并认为企业内部的学习氛围、心智开放和共同愿景培育以及外部网络强化合作对数字化转型实效产生非常有帮助。

李奉书和黄婧涵(2018)认为,企业通过提高与互联网平台企业、客户及供应商等的关系嵌入水平,可以增进相互之间的信任。同时,长期进行深度互动也有助于企业借助外部的合作伙伴获知数字科技与应用的最新发展和相关政策,从而推动数字技术、知识的流通和共享,使企业的数字化转型具有针对性,战略目标具有明确性,这样的数字化转型才能产生实效。

(二)聚焦具体行业领域数字化转型模式的研究

这方面也有很多相关的文章。

朱秀梅等(2022)对产品服务系统的数字化转型进行了研究,从动态能力理论和战略构型理论出发,将数字化能力水平和数字化转型战略进行了四种组合,探究了数字化能力和数字化转型战略的不同组合对产品服务系统数字化转型的影响,并找出了其中的作用机制。

陈东雄(2022)对某石化智能工厂的建设进行了分析,研究了新建企业的信息化建设方案和模式,认为信息化顶层规划设计应该在工程建设阶段启动,建设全厂信息化 EPC(engineering-procurement-construction,设计、采购、施工一体化)模式,从而加快企业数字化转型的进程,并能更好地保障新建能源化工类企业的信息化建设质量。

龚银银和段宗志(2022)则研究了建筑企业的数字化转型路径,将建筑企业依据规模差异划分为大型和中小型两类,针对这两类建筑企业,对其数字化转型的发起、实施和协同三个阶段的驱动力因素进行研究,并提炼出影响数字化转型的较大驱动力因素,据此提出了不同规模建筑企业的数字化转型关键路径。

王婷和付功云(2022)在对数字化转型的背景与现状进行分析的基础上,结合数字化转型工作的实践,从理念升华、标准体系、管理体系、组织体系、研发体系、技术路线、实施计划、强化执行、总结推广等九个方面提出了一套数字化转型的策略,以供工程勘察设计企业数字化转型参考。

刘晓娴和张鹏(2021)分析了某集团的数字化转型过程与成效,在此基础上,运用扎根理论分析研究了对装备制造企业数字化转型成效产生影响的外部因素和内生因素,提出了装备制造企业数字化转型的"双轮"驱动机制。外部因素中,政府的引导和政策的支持属于主观能动性因素,非常重要;数字化基础设施和平台属于内生因素,装备制造企业应当加快建设数字化基础设施和平台,从而增强自主创新能力,促进数字化转型的成功,进行智能化生产、管理、服务,实现协同创新和价值共创。

刘樑等(2022)运用路径依赖和技术轨道等理论对41家三线军工企业进行了研究,并采用模糊集定性比较分析方法,从创立年限、企业规模和产权属性等方面对这些企业选择数字化转型路径的影响因素进行分析,研究了其中的复杂作用机制。

张盼(2022)以高速公路企业为例,研究了数字化转型对交通企业的安全、效率、成本、便捷等产生的影响,认为智能交通将有助于交通企业交通出行服务质量的提升和运营管理创新,数字化转型对交通企业保持持续竞争力至关重要。张盼(2022)从数据资产与数字经济、应对新冠疫情冲击、新基建、车路协同与自动驾驶等方面探索了数字化转型的突破点,指出了数字化转型的基础条件,对交通企业的数字化转型路径进行了研究,并提出了有针对性的对策措施。

二、关于职业教育的研究

关于职业教育的研究也很广泛，概括起来有以下几个方面。

(一)国外职业教育的模式及借鉴

孙进和郭荣梅(2022)研究了德国学术教育与职业教育融通的三种模式，即双向贯通、交叉结合和趋同融合。双向贯通指学术教育与职业教育之间存在着衔接和转换的通道；交叉结合指将学术教育与职业教育的教学要素进行结合；趋同融合指开发整合学术教育与职业教育的跨领域课程，代表着融通发展最新的趋向。

王琳和徐涵(2022)借鉴里加周期(2015—2020年)职业教育与培训(VET)改革的经验，建议设计具有中国特色的现代学徒制，建立促进企业参与学徒制的机制，建立多元利益主体之间合作和交流的促进机制，加强职业教育对劳动力市场需求的适应性，从而构建出我国职业教育的关键能力模型。

李军(2022)发现，瑞士的职业教育社会地位高，其职业指导和职业咨询体系完善，企业与行业协会在职业教育中发挥着重要的主体作用，各类资格证书之间相互贯通、相互衔接，形成了完备的职业教育发展体系，支撑着经济的发展。我国职业教育与瑞士的职业教育之间存在较大的差距，李军(2022)认为瑞士的职业教育经验值得我国借鉴，并从五个方面提出了促进我国职业教育发展的建议：①加强顶层设计，统筹职业教育发展体系；②在职业教育全过程中贯穿职业指导和职业咨询工作；③转变职业观念，引导形成崇尚技能的社会风气；④构建以文凭和证书为桥梁的各类教育相互融通的教育体系；⑤重视并积极开展职业咨询和指导工作。

(二)有关我国职业教育如何发展的研究

吕玉曼和徐国庆(2022)认为，我国职业教育类型特色的地位已经从政策认定阶段发展到了内涵探索阶段，社会的导向也已经从强化阶段到了优化阶段。但提高职业教育社会地位以及稳固其在人才培养中的重要位置的关键是实现职业教育的类型特色。具体可以从以下方面着手：①通过构建稳定发展的现代职业教育体系来优化职业教育的类型定位，即始终坚持中等职业教育的基础性地位，大力提升高职（专科）的教育质量，稳步发展本科层次的职业教育，并不断完善职业教育的内外部沟通机制和衔接通道；②积极探索跨部门协调机制，发挥多元主体的作用，形成协同共治的治理格局，基于类型特色的职业教育发展规律进行职业教育管理；③确保职业教育的公平性，不断推进教育平等，并提升技能型人才的社会地位。

王振和李昊恩（2022）认为，建立职业教育与普通教育的沟通机制非常有必要，应该深入探究两者有机融合的政策和措施，并从政策保障、积极性的激发、社会力量的支持与参与等方面给出了相应的建议。

卢晓中（2022）认为，职业教育社会地位的进一步提高必须建立在"职普融通"的基础之上，"职普融通"是构建高质量现代职业教育体系的关键，而其中的关键又是本科层次的职业教育。高质量的高等职业教育体系应该是与普通教育体系相互独立、并行不悖又层类交错、相互融通和有机统一的。

杨立平等（2022）发现，本科职业教育面临着观念、目标定位和培养方式等方面的发展困境，基于此，提出了职业本科教育的人才培养实现路径：①加强思想引导，突破传统观念的束缚；②设立科学合理的人才培养目标；③深化校企合作，打造校企命运共同体。

胡新等（2022）基于对本地人身份、受教育年限、就职行业等因素的分析，发现职业培训能有效提高最高学历为高中层次的劳动力的回报水平。因此，大力发展职业教育将有助于农村剩余劳动力的转移，进而实现人力资本结构的不断优化，助推产业的转型升级。然而，在全国范围内实行普职比达标的"平均主义"做法不值得提倡，应避免通过初中毕业分流来转移农村剩余劳动力，加大对普职比不达标区域高中阶段毕业生的职业培训力度是一个更好的选择。由市场进行调节，实现农村剩余劳动力自愿向产业转移，这具有重要的现实意义。

(三)农村职业教育发展研究

刘吕亮(2022)对目前乡村振兴中农村职业教育存在的问题进行了分析,并基于实际案例和社会发展规划体系,提出了农村职业教育发展的全新策略及相应的解决措施,以期促进乡村产业发展。

张大伟等(2022)综合探索了职业教育促进乡村振兴的实际途径,希望有助于推进乡村治理现代化。

(四)职业教育本身的学科研究

赵志群(2022)研究了职业教育教学论,认为当前职业教育教学论研究的重点是如何兼顾社会需求和个性发展,以培养高素质技术技能人才。在分析职业教育教学论概念和特点的基础上,赵志群(2022)研究了普通教育教学原理在职业教育过程中的适切性。职业教育应该要为学习者创造更多更适合的自主学习机会,同时作为实践共同体集体活动,还要保持学习的基本特征;院校学习与工作场所学习应相互融合,通过综合性学习任务,让学习者成为教学过程中的主体。社会发展对职业教育提出了新的要求,也提供了新的学习范式,职业教育教学论在新经济、新形势下具有了更丰富的社会意义。

王雯和韩锡斌(2022)综合相关研究成果和已有理论,认为信息时代职业教育混合教学应该具有七个要素,包括学生和教师两个主体方面的要素,教学的目标、内容、方法和反馈四个过程方面的要素,以及一个环境要素,即教学环境。职业教育与基础教育和普通高等教育相同的是,信息时代混合教学中,这些要素的内涵在向虚实融合方向拓展;区别的是,这些要素中都蕴含着职业教育"工学结合、产教融合、校企合作"的显著特征,七个要素既相互支撑又相互约束。职业教育的"三教"改革出发点应该是实现信息时代高端技术技能人才培养目标,完善"互联网+职业教育"的学习和实践的环境,面向职业教育学生的特点和学习需要,不断提升教师的"双师"型素质,加强其信息化教学能力,创新工作手册式、活页式和融媒体教材,采用恰当的混合教法、数字化绩效考核体系,并将教学反馈与教学改革相融合,形成闭环,实现教学系统的数字化高效运转与教学行动的不断优化。

综合以上文献,关于企业数字化转型和职业教育的研究,基本是独立分开进行的研究,将两者结合起来的研究主要集中在人工智能在职业教育中的运用以及如何培养人工智能时代背景下的人才等方面。李秋斌(2018)提出,人工智能正在改变职业教育人才培养的体系和规格。陈琳等(2018)认为,职业教育应该更加注重创新创造能力培养,在原有基础上运用心理学理论和新科技手段进行教与学。姚玲(2019)提出,人工智能背景下人才培养要进行变革,具体可以从转变理念、灵活办学以及深化产教融合等方面着手强化人才培养研究,促进人才培养模式改革,以适应当前经济社会的发展。韦妙和李朦(2020)认为,在职业教育中,可以用人工智能重塑产教融合的实践情境,促进学生实践技能、职业精神和创新能力的共同发展。沙玉娥和丁钢(2020)认为,培养有人文素养的职业人是人工智能时代职业教育的要求。张海燕和王傲冰(2019)认为,在人工智能迅速发展的背景下,高职教育在人才培养方面要做到"一体三面",并从个性化、职业性和社会性三个维度加强人才培养。张更庆和刘先义(2021)分析了智能制造趋势下的技术技能人才需求规模和特征,并提出了突破当前人才培养困境的方法和措施。朱志萍(2021)研究了"人工智能2.0+教育"人才培养核心模型,为高职院校在人工智时代下如何进行人才培养提供了参考。其中,聚焦于"人工智能+"复合型人才培养主题的职业教育很值得我们关注。王鑫明(2020)搭建了基于现代学徒制的"人工智能+"人才培养体系基本框架。张更庆和孙晓范(2020)探讨了职业本科教育下"人工智能+"复合型人才的培养。徐萍等(2021)基于粤港澳大湾区的产业结构及人工智能人才的培养现状,提出了服务于粤港澳大湾区发展的高等职业院校"AI+X"复合型人才培养矩阵。

可见,目前的研究主要是独立分开进行的研究,有专门研究企业数字化转型的,也有专门研究职业教育的,而将两者结合起来的研究多集中于数字化给职业教育带来的挑战和机遇等较为宽泛的主题,更深入的研究较少,两者融合发展方面的研究几乎没有。本书将深入研究企业数字化转型与职业教育发展的融合共生性、企业数字化转型与职业教育共生发展面临的困境以及两者融合发展的生态体系等。

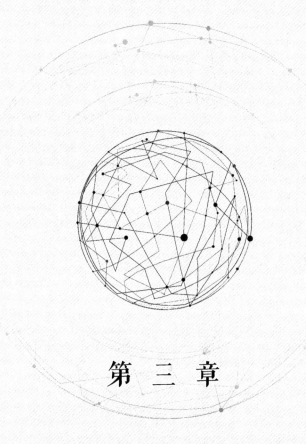

第 三 章

企业数字化转型的背景及意义

一、什么是企业数字化转型

(一)企业数字化转型的定义

关于数字化转型的定义,业界没有统一的说法,但大多是从数字化转型过程的角度进行定义。

Chinmay and Manish(2021)将数字化转型定义为对企业的运作、职能和流程等进行变革,为业务相关人员创造价值,建立可度量的组织目标,并运用数字技术对结果进行监控。

陶林和李岩(2022)认为,企业数字化转型是指企业运用新兴的数字技术,将企业运营、生产、销售等环节的数据进行链接并且进行数字化的展现,再通过设定的算法进行进一步加工,从而得到有效的反馈信息,以此来提升企业价值。

Wu et al.(2019)认为,企业数字化转型是指借助人工智能、物联网和大数据等先进数字技术,将经营的实物属性符号化,获取并分析数据以提高经营效率,以及实现价值创造方式重塑,并最终实现商业模式转型的过程。

于伟(2022)认为,数字化转型是在"数码化"(资料数字化)和"数字化"基础上,着力于实现"业务数字化"和"数字业务化"。数字化转型包括"业务数据化"和"数据业务化"两个维度,并将数字化转型定义为企业在资料数字化和流程数字化的基础之上实施的迭代式组织过程。运用增量型和创新性的数字化技术变革组织的结构、流程、人员能力和基础设施，可以协助企业在数字化环境中发展出新的商业模式和核心竞争力。

但以上这些定义都没触及企业数字化转型的本质，而只有对数字化转型有本质的认知，企业才能清楚为什么要进行数字化转型，希望得到什么结果，最终要达到什么目的，数字化转型要经历哪些阶段，面临哪些困难，每个阶段应该如何去推进。也只有这样，企业数字化转型才能真正成功。

(二)企业数字化转型的本质

人类科技变革大体分为四个阶段：第一阶段是以蒸汽技术为代表的第一次工业革命，称为机械化；第二阶段是以电力技术为代表的第二次工业革命，称为电气化；第三阶段是以信息技术为代表的第三次工业革命，称为信息化；第四阶段即第四次工业革命，涉及的技术种类众多，其中人工智能技术最为核心，称为智能化。

信息化：将现实事物映像到虚拟世界的过程就是信息化。信息化的特点是人操作机器。

智能化：机器有了思考的能力。智能化的特点是机器做决策。

数字化：从信息化到智能化的过程，叫数字化。

当前，我们正处于从信息化向智能化发展变化的关键时点，而这种变化的核心正是数字化转型。在信息化时代，互联网以及运行在其上的数据仅仅只是工具，而真正做决策的是人。在信息技术时代，所有信息的上传、计算和加工以及信息的获取，都由人来决策。比如，张三基于自己的想法写了一封邮件发给李四，邮件系统仅仅只是信息传递的工具，而不会基于信息为李四做出任何决策。即便进入移动互联网阶段，网络世界从邮件发展到微信这样的实时交互，从博客发展到短视频这样的音视频信息,由人类主观意志做出决策这一特点都未发生根本改变。

在智能化时代,互联网以及运行在其上的数据会形成决策,而人将与智能机器一样,成为智能化网络管理的一个执行节点。比如,上百万名骑手基于系统的计算进行调配,按照系统规划的路线、系统要求的时间以及系统的工作排序机械地执行指令。而与这些骑手同时上路的还有正在试验阶段的配送机器人。这就是智能化时代的一个典型表现。事实上,不只外卖这一个行业,从安全防控到视频推荐,从网约车调度到开店经营,越来越多的企业基于系统的智能决策进行生产运营,并且切实让效率得到了巨大的提升。网络具有对数据的高效获取和计算能力,从而在决策层面具备人类无法匹敌的优势。

但要真正进入智能化时代,还需要解决三个关键问题。第一个是信息的自主上传和获取,即不依赖人的主观意志进行数据采集,这催生了物联网技术的发展。第二个是基于数据的机器智能决策,由此,人工智能和机器学习正加速发展。第三个是智能决策的落地执行,这需要借助智能机器人技术。

以上三个问题涉及的关键技术在很长一段时间里无法形成根本性突破,这就决定了在未来很长一段时间内,人将与智能机器协同工作,并随着技术的发展不断调整人与智能机器之间的关系。由于人与智能机器之间是通过数据进行交互的,故这一转型过程被称为数字化转型,而这也正是数字化转型这一概念的由来和本质。

二、企业数字化转型的背景

数字化转型对于很多企业来说,属于重大的战略管理问题,而企业战略的制定和调整都建立在分析内外部环境的基础之上。外部环境分析有宏观环境分析和微观环境分析:宏观环境分析最基本的方法是PEST分析,也就是政治、经济、社会和技术环境分析;微观环境分析常用的方法是波特的五力竞争模型,五力分别是指行业内现有竞争者的竞争能力、潜在竞争者进入的能力、替代品的替代能力、供应商的讨价还价能力、购买者的讨价还价能力。内部环境分析一般是对企业的价值链、核心竞争力、企业资源等进行分析。从宏观环境来说，驱使企业数字化转型的主要有两大因素，即技术变革和社会环境的突变，而社会环境的恶化又带来了政治环境和经济环境的动荡。从微观环境来说，既有经济社会发展带来的消费行为的改变和创新需求，也有宏观环境变化带来的竞争压力。外部环境的变化对企业的内部环境提出了更高的要求，迫使企业优化内部资源，增强自身竞争力，提升自身的价值。因此，从战略管理的角度来说，企业数字化转型的背景主要有以下几个方面。

（一）技术变革

第一，云计算、大数据、人工智能、物联网、AR、VR等数字技术的迅速发展带来各行各业在技术层面和商业应用层面的颠覆式突破，借由数据观察过去、预测未来、教会机器，机器学会思考而变得更加智能，从而突破人的想象做出决策。企业身处浪潮之中，不得不进行数字化转型，否则将很快被吞没。

第二，公路交通、机场港口、能源管道、供应链设施、通信网络、电网技术等各种基础设施的智能化为企业数字化转型提供了物质基础。

第三，数字化企业如阿里巴巴、腾讯等开放性的平台为某些企业数字化转型提供了可以利用的工具。

（二）社会环境的突变

2019年底，新冠疫情暴发，并很快蔓延到全国，世界也进入了疫情时代，居家办公成为很多企业的必选项，越来越多的人学会网上消费，云会议、直播销售、无接触配送等成为企业数字化转型的首选。企业纷纷进行数字化转型，数字技术的应用与普及进入了飞速发展阶段。仅从智慧办公这一领域来看，智研咨询发布的《2022—2028年中国智慧办公行业市场竞争策略及未来发展潜力报告》显示：2015年，我国智慧办公行业市场规模为292.3亿元，2020年增长至792.4亿元，年复合增长率为22.07%。2019年，智慧办公行业的市场规模为605.7亿元，即2020年的增长率超过了30%。可见,疫情的突发加快了企业数字化转型的速度。

(三)政策法规的推动

随着时代的发展、技术的进步、社会的变化,数字经济成为企业的必经之路,国家也意识到企业数字化转型的重要性,不断出台支持政策,优化数字产业发展环境。2020年,国家发改委、中央网信办印发《〈关于推进"上云用数赋智"行动　培育新经济发展实施方案〉的通知》(发改高技〔2020〕552号),明确了数字化转型的三大目标:打造数字化企业、构建数字化产业链、培育数字化生态。《工业和信息化部办公厅关于推动工业互联网加快发展的通知》(工信厅信管〔2020〕8号)针对加快新型基础设施建设、加快拓展融合创新应用、加快健全安全保障体系、加快壮大创新发展动能、加快完善产业生态局、加大政策支持力度等六大领域提出了20项举措。工业和信息化部办公厅《关于印发〈中小企业数字化赋能专项行动方案〉的通知》(工信厅企业〔2020〕10号)指出,以数字化、网络化、智能化赋能中小企业,助力新冠疫情防控、复工复产和可持续发展。《工业互联网创新发展行动计划(2021—2023年)》(工信部信管〔2020〕197号)旨在基于实现工业互联网整体发展阶段性跃升,促进推动经济社会数字化转型和高质量发展。2021年发布的《中华人民共和国国民经济和社会发展第十四个五年规划和二〇三五年远景目标纲要》将"加快数字化发展　建设数字中国"独立成篇,明确了数字化转型的国家战略定位,提出以数字化转型整体驱动生产方式、生活方式以及治理方式的变革。除了国家部署计划,各地也都出台了推进数字化经济发展的计划。数字化支持政策在基础设施供需两侧交替加码,使得企业数字化转型不断加速,整个社会的数字化进程出现循环加速、螺旋式上升的局面。

(四)工人短缺

中国的老龄化在加速。2021年,中国的出生人口出现断崖式下降,劳动力红利正逐渐消失,传统制造企业面临着普通工人短缺的现状。一方面,新兴行业(如外卖、快递等)比传统制造业收入高而且相对自由,吸引了大量年轻劳动力就业；另一方面，近年来，制造业在不断地向东盟国家转移，企业主为了企业的发展，用高薪（通常比中国多两倍左右的工资）从中国吸引熟练的技术工人，促进了东盟地区制造业的快速发展。这反过来又加速了我国传统制造业技术工人的流失，加上美国近几年重整供应链体系，又进一步加速了这一进程。工人短缺促使传统制造业不得不寻求机器代替人工，踏上数字化转型的道路。

（五）消费者行为的变化

随着成长环境的变化，年轻一代的消费需求更加多样化，消费行为越来越感性和主观，消费节奏也越来越快，企业必须通过数字化转型才能跟上这种变化的趋势。数字化转型能让企业更加柔性化，适应性更强，从而不断满足变化升级的客户需求。另外，随着数字经济的发展加上疫情的催化，客户的消费行为都在向数字化方向发展，线上消费、智能消费已经成为常态，企业为了更好地服务客户就不得不转向数字化。

（六）市场竞争的压力

根据马克思的竞争理论，企业间竞争的最根本动力是对剩余价值的追求，对剩余价值生产过程的影响和对剩余价值分配过程的干预是企业竞争的两大策略。当今社会，剩余价值的生产主要取决于企业产品或服务的创新能力，剩余价值的分配则主要取决于企业吸引大众注意力的能力。数字技术正好为两者提供了很好的竞争工具和手段。通过数字化转型，企业可以极大地提升其市场变化信息的获取速度、未来技术和需求变化趋势的预测能力、创新产品（或服务）决策的速度、创新和研发规划能力、持续创新能力、产品研发能力和速度、优化产品生产和服务的效率、差异性和多样化的产品（或服务）创新能力、产品和服务的质量、创新产品（或服务）营销手段的速度等，赢得产品创新竞争和注意力时间竞争的成功。可见，从市场竞争的角度来说，企业数字化转型也是箭在弦上。

(七)降本增效、提升内部核心能力的需要

在当前国内外经济形势之下,企业利润微薄甚至亏损,降低成本即是增加效益,降本增效成为提升竞争力的关键措施。在传统生产经营模式下,企业成本已经很难降低,在原材料成本、能源成本、土地成本和人力成本等越来越高的情况下,企业必须另寻降本增效之新途径。另外,我国企业,尤其是制造业,基本处于产业链的中低端,国际竞争力弱,提高国际竞争力的关键是研发能力的提升、科技实力的增强、产品的高端化及无可替代性。企业数字化转型有助于提升企业的科技创新能力和降低企业的各项成本,从而达到降本增效、提升企业核心能力、增强竞争力的效果。

三、企业数字化转型的意义

国内外经济环境的变化和地缘政治的影响,以及中国经济发展到一定程度后增速放缓等因素对我国实体经济产生了重大影响。但数字经济一枝独秀。2021年,我国数字经济规模达到45.5万亿元,名义同比增长16.2%,占GDP比重达到39.8%,年均增速高达15.9%,显著高于同期GDP的平均增速。党的十九大和"两会"都把信息技术与实体经济相结合作为发展的重点。随着互联网以及虚拟经济的发展,无论是在价格还是在质量上,实体经济都不存在优势,新冠疫情的冲击更是给实体经济蒙上了一层阴影。企业数字化转型不但可以让企业持续健康发展,还可以助力社会低碳、绿色经济目标的实现。企业数字化转型的意义具体来说有以下几个方面。

(一)降本增效,提升企业的竞争力

数字化通过精准对接产业链上的各个环节,减少浪费,提高效率,从而使各行各业能够显著地降低成本和增加收入。数字化实现了企业运营中采购、生产、销售、内部管理等环节的数据互通,对接企业内外部数

据,通过构建一站式的数据库,借助智能化管理,帮助企业进行决策,实时监管整体流程,并进行结果追溯,从而帮助企业节省内外对接成本、减少决策失误、节约管理中产生的冗余成本等。另外,企业数字化转型带来的生产环节柔性化与智能化、销售环节的精准定位等将能更好地满足客户的个性化、定制化需求,从而提升企业的竞争力,增加企业利润。

在研发领域,虚拟仿真、人工智能等数字技术可以显著地降低研发成本,提高研发效率,加速科研成果的应用和转化,加快新产品上市速度。

在生产现场,依托大数据、物联网、工业互联网、机器人、人工智能等数字技术,可以实现设备、生产线、车间乃至整个工厂全方位的无缝对接、智能管控,最大限度地优化工艺参数,提高生产效率。

在品控方面,人工智能技术的使用可以提高质检效率和水平,并能有效监控产品的品质,提升良品率。

在流通领域,数字化技术的运用可以在产销之间架设桥梁,畅通产销信息,顺畅数据流动,解决信息不对称问题。电子商务和移动互联网的发展及其不断的创新减少了企业产品的流通环节,提供了与各地消费者直接对接的低成本、高效率的流通渠道,大幅度降低流通成本。

大数据分析、人工智能等技术可助力企业优化供应链,提升供应链效率,区块链等为产品追溯机制的建立提供了技术支撑,从而提升了供应链的透明度和可靠性。不断创新的在线销售模式使商品得到更充分的展示,有利于企业品牌的塑造。

波士顿咨询在 2020 年和 2021 年调查了 1000 多家企业的 CEO(chief exectutive officer,首席执行官)与 CTO(chief technology officer,首席技术官),调研结果显示,成功实现数字化转型的企业为客户提供了快速、便捷的线上服务,提高了效率,压缩了成本,从而改善了营收表现。数字化转型成功企业的 EBIT(息税前利润)提高了 21%,而没有数字化转型或转型不成功的企业,平均 EBIT 的提升只有 10%。[①]而且,数字化转型带来的

---

①郑青亭.专访波士顿咨询中国区执行合伙人吴淳:数字化时代,中资企业出海如何乘风破浪?[N].21世纪经济报道,2022-05-16(9).

不仅仅是短期利润的大幅度增长,从长远来看,随着技术的发展,数字化转型需要不断调整人与智能机器之间的关系,这种持续的变革和创新将不断地驱动企业的增长。

(二)帮助企业精准定位客户

随着Z世代成为消费主力,消费的特点呈现出多样性、个性化、社交性、情感性、颜值性、兴趣性、价值性等,有些特点本身就自带数字化,比如社交性。企业要精准地把握消费特点并快速定位,就必须借助数字化工具,只有这样,企业才不会失去竞争力从而被用户抛弃。随着市场分工的逐步细化与客户需求的多元化,企业的供应链需要更高的敏捷性与更加快速的响应能力,企业的数字化转型将有助于企业在瞬息万变的环境下,借助人机互动、智能化决策,迅速地发现市场机会,精准地定位顾客并不断地提供顾客所需要的产品,在市场中占据一席之地。目前,互联网行业中广告的精准投放就是数字化技术精准定位隐藏客户的具体表现。数字化可以更加全面、准确地分析客户的心理以及需求,不仅可以避免与客户沟通不善带来的一系列问题,还可以利用服务客户时获取的信息来了解市场需求,并通过数字化生产、服务系统精准调配资源服务顾客。

比如银行过去对于小微企业和个人这些长尾客户,都是采取地推模式,费人费力,并且效果还不理想。通过数字化手段,可以更精准地对客户进行画像,进行客户触达。结果显示,一个数字化员工的工作量可以顶得上四五个普通员工。

(三)提升企业的决策能力

数字化转型要求企业:第一,精准搜集和整理内外部数据;第二,数据在各部门间充分共享;第三,决策的制定和执行都基于充分的数据分析;第四,充分发挥人工智能在数据收集、分析和决策中的效率性、客观性与精准性。这样一来,借助人工智能,决策者不但能够提高决策的效率,而且能够提高决策的正确率。瞬息万变的市场要求企业决策果断及时，对创新性要求更高。目前来说，只有数字化转型才能充分满足企业的决策需求。

（四）助力企业减少碳排放

"十四五"规划的目标是单位GDP能源消耗量降低13.5%，二氧化碳排放量降低18.0%。因此，能源利用效率必须提高，这只能依靠能源管理技术的突破，其中的关键便是数字化。

2021年12月20日，中国信息通信研究院发布的《数字碳中白皮书》指出，数字技术能够与电力、工业、交通、建筑等重点碳排放领域深度融合，有效提升能源与资源的使用效率，实现生产效率与碳效率的双提升，促进传统产业能源优化、成本优化、风险预知及决策控制，整体上实现节能降本增效提质。

施耐德电气联合伙伴发布的《数字化转型收益》报告也显示，通过数字化的能源管理和自动化解决方案可全面减少碳排放量，帮助企业平均减少20%的碳排放量，最高可减少50%的碳足迹。

施耐德电气中国研究院院长高深认为，数字化是可以实现敏捷创新并立即大规模使用的技术，与发展新能源和电气化等其他减碳举措相比，数字化技术兼具绿色与经济价值，并且能带来立竿见影的收益。因此，数字化创新是当下技术创新的重中之重。

例如，上海的一家工业控制元器件工厂仅凭一套智能系统，就提高了8%的能效，借助逻辑控制算法分析数据和控制运行工况，把三台空压机打造成一个有机整体，每年节约的电量足以支撑一辆电动车行驶十万多公里。

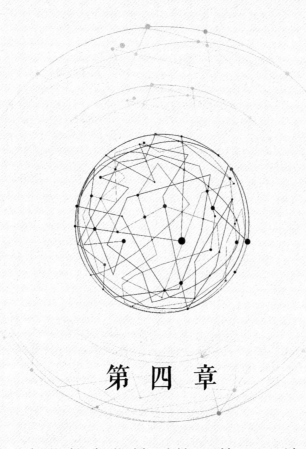

第 四 章

企业数字化转型的现状及困境

数字经济引领经济社会发展已经成为广泛共识,5G、人工智能、大数据等应用于各个领域。2018年4月,我国举办了首届数字中国建设峰会,提出"以信息化驱动现代化,加快建设数字中国"。2020年,中央陆续出台了数字经济相关政策,包括《关于推进"上云用数赋智"行动 培育新经济发展实施方案》、《工业和信息化部办公厅关于推动工业互联网加快发展的通知》、《中小企业数字化赋能专项行动方案》等。

随着中央数字经济政策的出台,地方政府也不断加强对数字经济的战略引导,如《上海加快发展数字经济推动实体经济高质量发展的实施意见》、《浙江省数字经济五年倍增计划》、《广东省培育数字经济产业集群行动计划(2019—2025年)》、《2020年江苏宁夏数字经济合作重点工作》、《湖南省数字经济发展规划(2020—2025年)》、《河北省数字经济发展规划(2020—2025年)》、《山东省支持数字经济发展的意见》、《四川省人民政府关于加快推进数字经济发展的指导意见》、《江西省出台数字经济发展三年行动计划(2020—2022年)》、《山西省加快推进数字经济发展的若干政策》、《广西数字经济发展规划(2018—2025年)》、《内蒙古自治区人民政府关于推进数字经济发展的意见》。浙江省作为数字化转型先驱,其所辖多个城市更是根据自身产业基础特点,出台了针对重点发展方向如5G、大数据、人工智能等细分领域的专项政策,以促进数字经济的应用与发展。

一、我国企业数字化转型的现状

(一)取得的成效

由于中央和各级地方政府对于数字经济的重视,加上企业也认识到数字化的重要性,我国的数字经济规模迅速扩大。2022年7月,国家互联网办公室发布的《数字中国发展报告(2021年)》指出,2017—2021年,我国数据产量从2.3ZB增长至6.6ZB,全球占比为9.9%,位居世界第二。而1ZB数据,就相当于500万亿张自拍照或2.5万亿首MP3歌曲。这一数据产量表明我国已建成全球规模最大、技术领先的网络基础设施。截至2021年底,我国已建成142.5万个5G基站,总量占全球60%以上,5G用户数达到3.55亿户,行政村、脱贫村通宽带率达100%。目前,我国工业互联网应用已覆盖45个国民经济大类,电子商务交易额从2017年的29万亿元增长至2021年的42万亿元。[①]

中国移动2021年的财报显示,中国移动营运收入达到8483亿元,同比增长10.4%,其中通信服务收入达7514亿元,同比增长8.0%,增速较2020年提升4.8个百分点。而数字化转型业务收入对通信服务收入增量贡献近60%,达到1594亿元,同比增长26.3%。数字化转型业务收入的增幅及首次披露数字化转型业务收入数字的信号,都侧面反映了企业数字化转型工作正紧锣密鼓地进行。

各地政府出台的政策内容虽不尽相同,但促进企业数字化转型基础上的产业数字化转型升级都是主线任务。不过,各地产业发展重点不同,数字化转型成果也各有特点。

例如,广东省在产业集群数字化转型方面取得了很好的成效,早在2018年便率先推动制造业数字化转型,2020年出台培育发展战略性产业集群行动计划,全力打造具有国际竞争力的世界先进产业集群,2021年印发《广东省制造业数字化转型实施方案(2021—2025年)》,提出以数字化引领制造业质量变革、效率变革、动力变革,形成大中小企业融通发展

---

①http://www.cac.gov.cn/2022-08/02/c_1661066515613920.htm.

的产业生态。"十三五"期间,广东现代轻工纺织、现代农业与食品、绿色石化、新一代电子信息、软件与信息服务、先进材料、智能家电等七个产业集群迈过万亿元大关。以纺织服装产业集群为例,传统纺织、印染工厂通过数字化转型,打通了整个产业链条的下单、生产及履约等环节,将下游的订单需求与上游的空闲产能进行精准匹配,订单问题得到有效解决,开机率数倍提升,提升了整体运营效率,实现了降本增效。此外,围绕消费品、电子信息、家电、注塑等行业,广东已在揭阳揭东塑料日用品、东莞松山湖电子信息、佛山顺德小家电、广州花都狮岭箱包皮具等16个产业集群开展试点,探索产业集群数字化转型新路径。如今,广东大力推动制造业数字化转型的成效初显。截至2021年底,广东累计推动超2万家规模以上工业企业开展数字化转型,带动60万家中小企业"上云用云",一批企业借此减少生产成本、创新产品模式、提升竞争优势。①

杭州在加速传统制造产业数字化转型的过程中依托数字经济优势,积极践行绿色低碳发展。公开数据显示,杭州传统制造产业在数字赋能支持下,加速转型升级,质效显著提升。2021年,杭州规模以上工业增加值达到2015年以来的最高增速,其中,规模以上制造业对此贡献率达到95.4%。而数字经济核心产业制造业增加值增速是16.4%,领先规模以上工业增加值增速5.8个百分点。

杭州还依托数字经济优势,积极践行绿色低碳发展,加快产业结构和能源结构优化调整,三产占比不断提升,2021年占比约为68%,尤其是以数字经济为代表的低碳高效产业的发展,助推了杭州经济发展的低碳转型,碳排放强度在"十三五"期间明显下降,低碳转型已走在全国前列。公开数据显示,"十三五"前四年,杭州单位GDP能耗累计下降18.24%。南财城市通、21世纪经济研究院碳中和课题组发布的《中国净零碳城市发展报告(2022)》显示,在单位GDP碳排放量这个指标上,杭州在30个城市中取得了第四名的成绩,实现经济增长和节能减碳两不误。与此同时,杭州还在积极构建数智治理体系,重点打造"能源双碳数智平台"应

---

① 李振.汤正浓时见真功:大变局重塑广东新优势 多项"硬核"指标飘香全国[N].21世纪经济报道,2022-5-18(5).

用场景，对全市 2000 多家交通运输、公共建筑、工业、数据中心等年能耗 1000 吨标煤以上的重点用能单位进行数智监管，以数字化推进重点领域绿色低碳转型。

（二）存在的问题

近几年，国内大部分龙头企业和中小微企业都已经认识到数字化转型的重要性，这些企业进行数字化转型的积极性很高。不过，多数企业处于规划中或转型中的状态，仅有两成不到的企业成功转型，并享受到了数字化转型的红利。且转型成功的企业当中，也只有少数企业对转型效果感到满意。据 IDC(International Data Center，互联网数据中心)2020年的研究报告，从 2018 年开始，全球 1000 强企业当中有 67% 的企业已经实施了数字化转型战略。可是，通过对比发现，中小企业的数字化转型进行得并不顺畅。进一步分析 2021 年中国人民大学商学院发布的《中小企业数字化转型现状研究》发现，仅有不足 3% 的中小企业处在数字化深度应用阶段。

前文提到的波士顿咨询在 2020 年和 2021 年调查 1000 多家企业的 CEO 与 CTO 的结果显示，成功实现数字化转型的企业能够降本增效、提高营收。但该调查同时也显示，只有 30%(2020 年)或 35%(2021 年)的企业认为自身的数字化转型达到了预期目标。而有 26%(2020 年)或 13%(2021 年)的企业的数字化转型并没有达到 50% 的量化指标，也没能实现所期待的业务转变。

二、我国企业数字化转型的主要障碍及其原因

企业数字化转型出现积极性高、成功率不高情况的原因在于，数字化转型是一个长期的过程，我国大部分企业还处于转型的试错与迷茫期。战略规划不清晰、数字核心人才短缺等一系列的难题阻碍了企业的数字化转型。

从整体看，企业的数字化转型可以分为投入、转化和输出三个阶段。

投入阶段指数字化转型之初,主要进行战略咨询与定位、目标确定、系统分析、转型框架设计、服务商选择、与服务商沟通优化数字化转型方案、软硬件设计开发采购等,为数字化转型定好基调、确定好方向、打下坚实的基础。其中,前面四项工作尤其重要。

转化阶段主要工作在于具体实施转型方案,升级或替换企业原有的工作系统和流程,并对员工进行培训,使员工尽快熟悉新的工作系统和流程,提升其工作效率。这是企业数字化转型的核心和关键部分。

输出阶段包括数字化系统在公司研发和生产中的实际使用情况,数字化系统在供应链环节所发挥的作用、带来的效益,数字化系统在上下游及合作伙伴生态系统中的推广应用等,这是企业数字化转型的产物和结果,同时对整个行业的数字化渗透也具有重要意义。

在这三个阶段中,企业数字化转型成功的主要障碍如下。

(一)战略目标定位不清晰

企业进行数字化转型的第一步,就是要明确数字化转型的战略定位是什么,以及要达到哪些具体的目标。在这一阶段,企业应该结合自身现状、消费者趋势、行业发展、技术发展等诸多因素,进行战略分析,从而准确地定位战略方向,制定最优的数字化转型目标。但很多企业并没有这样做,而是简单地将数字技术的应用作为转型成功的关键因素,不够重视企业的战略定位。从本质上讲,数字化转型绝不单单是技术上的问题,而是信息技术引发的系统性变革,而系统性的变革必须建立在清晰的战略目标基础之上。在战略目标定位上,企业容易犯的错误如下。

1.将数字化转型当作IT转型

数字化转型是企业整体性、系统性的变革,而非IT转型。IT技术仅是实现数字化转型战略目标的一种手段和驱动力。

2.没有充分评估战略定位的影响力

数字化转型将彻底重塑企业的商业形态,将全面影响企业自身的运营及其与生态系统内的客户、供应商、合作伙伴等的关系。数字化可以赋能企业的哪些新产品或服务,又会催生哪些新的竞争对手? 企业如果不考虑清楚这些变化而盲目制定数字化战略，企业的数字化转型就很可能失败。

3.目标体系不科学

企业希望通过数字化转型降本增效、创新业务、提升竞争力，需要制定一系列的目标，通常包括企业决策改进目标、生产力提高目标、成本降低目标、获客能力提升目标、销售收入和利润提升目标、客户体验优化目标、风险减少目标、数据挖掘和应用能力提升目标等。企业如果在数字化转型的过程中，不能明确首要目标及各个目标之间的关系，没有围绕首要目标进行目标体系的构建，那么，整个数字化转型目标体系将不科学、不健全，数字化转型就很难成功。比如，有的企业没有根据自身的实际情况确立目标，盲目追求"大而全"，不仅导致数字化转型的实施周期拉长、成本增加，而且还提高了数字化系统实际应用过程中的复杂度和错误率，反而给员工带来很多不便，影响最终的转型效果。根据Standish Group（斯坦迪什集团）的数据，平均而言，企业级软件60%以上的功能处于几乎不使用或根本不使用的状态。再比如，有的企业以为数字化转型是万能的，只要进行了数字化转型，就能解决所有的问题，实现所有的目标，这显然是不现实的。对于数字化的盲目崇拜，导致其忽视了其他值得关注的企业生存发展要素，反而阻碍数字化转型的成功。

(二)系统性思维不足

1.企业边界思维限制

数字化转型是一项系统性工程，通常需要产业链上下游企业共同完成。企业数字化转型成功往往要建立在联合开发和孵化数字化创新业务的基础之上。在传统的内部转型升级下，企业内部提需求、找技术、找方案就可以了，转型升级后的效果也容易衡量。而联合共创则打破了内部壁垒，需要通过与外部创新力量的合作融通来找到数字化转型中的有效突破点。这样执行起来，一方面，难度加大；另一方面，如果与外部的合作融通没有做好，即使内部数字化系统运行得再好，可能也达不到预期的效果。

2.缺乏建立在系统性分析基础之上的组织架构

很多企业在转型过程中还是沿用原有的组织模式或是只简单地增加一个数字化部门,完全由该部门推动和执行企业数字化转型的工作,没有根据数字化转型的复杂性、艰难性、重要性来构建科学合理的组织结构以执行数字化转型的工作。这样不仅不利于数据的互联互通,且容易形成"数据孤岛",数字化转型就无法达到预期目标。所以在转型过程中,企业的组织架构包括业务架构如果不能做出系统性的调整,数字化转型工作就很难推进。

3.没有重视数据的系统性

数字化转型能够降本增效,关键在于各个业务系统的数据完全融通,企业能够据此做出智能化的决策并执行。但很多企业因循守旧或者囿于资金压力等各种原因,头痛医头,脚痛医脚,单独引进一套财务系统、下单或者供应链系统等,就会出现多个信息化系统,形成大量数据。企业没有打通各个业务系统,各系统之间并不连通,基础业务数据的标准缺失,导致数据无法发挥作用,所谓的数字化转型自然就无法达到效果,而且这其实也并不是真正的数字化转型。数字化转型第一步应该是各业务系统之间的数据互通,然后再分析业务、分析数据。数据不够的,先采集数据,再进行数据整合,自上而下建立系统性的数据库。如果一个企业连数据都无法打通,没有系统性,又何谈数字化呢?

4.不是从系统的角度评估数字化转型的效果

有些企业的数字化转型是外包给服务商的,以合作项目的形式来实施。但我们前面分析过,数字化转型是一个系统性的工程,而非单一的项目,是一个持续迭代更新和长期发展的过程。所以说,数字化是战略投资,不是短期投入。评价数字化转型的成果,不能够仅仅关注短期的资本投入与产出。如果将数字化转型作为一个独立的项目来衡量投资回报率,而不是从企业生存能力、生产效率和市场竞争力等方面全面衡量数字化转型带来的企业系统能力的提升,那其战略意义就不复存在了。

5.没有通盘考虑原有的数字化工具

随着数字化工具的快速迭代与升级，原有的数字化工具往往被冷落，很多企业在数字化转型过程中，为了节省时间，直接放弃了原来的系统。这看起来节省了时间，也有可能省了钱（如果将新系统与原有系统兼容，或者升级原有系统，可能需要投入更多资源，相比起来直接放弃原有的系统可能更省钱），但对员工来说，原有系统用起来方便、快捷，重新适应新的系统需要一个过程，这一过程影响了员工的工作效率和积极性。另外，可能还需要对员工进行新系统的培训，这都需要时间和资金投入。简单地将原来的数字化工具抛弃掉，既导致资源的浪费，还会产生"习惯负债"（即员工对新系统不适应造成的效率下降）。数字化转型是一个持续推进的过程，如果不断地用新的代替原有的数字化工具，就会造成恶性循环，阻碍数字化转型的真正实施。

（三）领导者认识不足

有些企业领导对数字化转型的认识不到位，重视度不够，不亲自推动企业的数字化转型，甚至有的企业直接由IT部门负责推进数字化转型。在这样的情况下，企业内部的配合就会产生问题。一方面，企业内部不同职级以及不同部门之间对数字化转型的理解通常存在较大差异，而当领导者对数字化转型没有准确认识时，就很难统一大家的思想，各个部门和相关人员之间配合就不会那么默契。另一方面，IT部门通常在企业里被认为是服务部门，如果由IT部门来推动企业型数字化转型，员工就会认为这个事情没那么重要，不会重视，数字化转型过程所需要的资源往往得不到满足，从而加大工作的难度和压力，阻碍数字化转型的推进。数字化转型不同于信息化，需要企业领导者站在战略角度系统性地推动企业整体变革，如果领导者不亲自推动，就会出现各部门配合不到位的情况，企业数字化转型就无法真正落地。

（四）资金短缺

迫切需要数字化转型的大部分中小企业在资金方面确实存在较大

的压力。企业在数字化转型过程中,首先要改造甚至新建数字化相关基础设施,购置必要的软硬件;其次要委托外部专业团队或机构协助设计与推进数字化转型系统;再次要围绕企业数字化转型,广泛培训员工以提升员工的数字化素养与技能水平,甚至引进能帮助企业快速转型成功的数字化复合型骨干人才等;最后还要在数字化转型初步完成之后,持续开展数字化系统的维护与升级等工作。所有这些步骤都缺不了资金投入,而中小企业普遍资金实力有限,很容易出现资金缺口。

(五)员工培训不到位

很多企业在数字化转型过程中,更加重视的是流程化、规范化的管理系统和关键绩效指标的构建,从员工实操角度出发的提质增效所受到的重视程度相对不足;愿意在购买软硬件系统上花大量的资金,但不太愿意花资金在咨询和服务方面;只看重数字化系统本身的功能,把培训当作数字化转型的附赠品,忽视对员工的定制化培训。其实,员工培训才是数字化转型真正落地的关键,对员工培训的忽视是许多企业在进行高成本的技术投入之后,数字化转型效果未达预期的重要原因。

(六)与服务商沟通不充分

随着全国各地政策的刺激和各级政府的大力支持,企业数字化转型的积极性越来越高,对相关供应商的服务需求也越来越多,从而催生了大量服务商,服务商之间的竞争就越来越激烈,数字化转型的方案和数字化工具越来越同质化。而企业由于缺乏系统化的思考、战略定位不清晰等,对自身的需求不是很明确,无法与服务商进行充分沟通,于是,应用数字化系统之后,企业觉得并没有得到自己想要的结果。

以上这些障碍的形成,最主要原因还是数字化人才的缺乏,导致数字化转型战略目标定位不清晰,没有系统性思维模式,认识不到数字化转型的复杂性,更无法做到与服务商的充分沟通,也体会不到员工培训的重要性等。美的集团董事长方洪波认为,"数字化转型的本质是'转人',团队结构不转、知识结构不转、思维不转、能力不转,一切都是空谈"。转型过程中,需要大量既懂传统业务结构又懂数字化技术、有数字化思维的人才。因此,可以说是人而非技术成了传统企业数字化转型过程中的最大阻碍。据陈楠等(2022)的调查,数字化人才短缺是企业数字化转型所面临的重要挑战,仅次于资金不足。

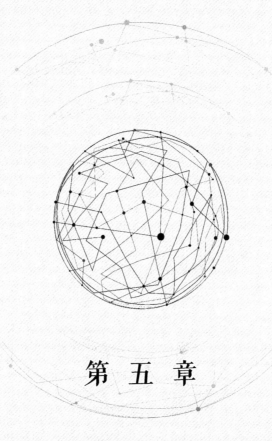

第 五 章

企业数字化转型的人才短缺现状及原因

在市场环境快速变化的今天,企业数字化转型的真正目的包括快速地应对市场的变化、提高竞争力、降本增效、工作标准化、使工作和产品质量具有可追溯性、减少对人工的依赖等。而以上目的,不是买几个硬件或装上几个软件就可以实现的,而要进行企业内部的一系列变革,如组织结构的创新调整,员工管理思维、模式和机制的转变,企业内外部数据的连通和管理等。为了成功实现这一系列的转变,数字化人才不可或缺。而我国正面临着数字化人才严重短缺的困境。

一、数字化人才的概念

对于数字化人才的概念,学术界尚未有清晰的界定。目前,对于数字化人才的界定,大多来源于大型的信息和科技公司。微软亚洲研究院于2020年发布《数字化转型中的人才技能重建》,认为现代意义上的数字化人才融合了ICT[①]专业技能和ICT补充技能,且更加倾向于ICT补充技能的价值实现,也就是拥有数据化思维、有能力管理和使用多样化的海量数据,进而将其在特定领域转化为有价值的知识和信息的跨领域专业人才。华为关于数字化人才的定义为,数字化人才包括数字化专业人才、数字化应用人才和数字化领导者。清华大学联合领英于2017年11月发布的《中国经济的数字化转型:人才与就业——中国数字人才现状与趋势研究报告》则将数字化人才分为六大类:数字战略管理、深度分

---

①信息(information)、通信(communication)和技术(technology)。

析、产品研发、先进制造、数字化运营和数字化营销。

以上定义分别从数字化人才自身的价值、数字化人才的类别和数字化人才的职能进行界定。本书认为，数字化人才有狭义和广义之分。狭义来看，数字化人才专指掌握数字化技术的专业技术人才，他们懂得数据如何产生，能适应数据的快速迭代，并能根据企业需求搭建数字化平台、进行数据维护等。广义来看，数字化人才指从事与数字化转型相关工作的人，主要包括四类：①数字化专业技术人才，懂得数据如何产生，能适应数据的快速迭代，并能根据企业需求搭建数字化平台、进行数据维护等的人才。②数字化应用人才，即利用数字化工具、手段和方法进行日常工作的人才。③数字化管理人才，即具有数字化思维，会运用数字化工具进行决策、管理的人才。④数字化复合型人才，即兼具业务理解和数字科技能力的数字化人才。

二、数字化人才短缺的现状

显然，在企业数字化转型过程中，数字化专业技术人才、数字化应用人才、数字化管理人才和数字化复合型人才都不可或缺。我国大量企业正在进行或迫切需要数字化转型，使得市场上这四类人才供不应求，尤其是数字化复合型人才。

（一）数字化专业技术人才短缺

随着数字产业化和产业数字化的发展，数字化转型成了每个企业必须做的事情。企业数字化转型所带来的数字化人才缺口非常巨大，当前社会上的数字化人才满足不了迅速增长的企业需求。2018年，在《中国ICT人才生态白皮书》中，华为技术有限公司作为编写者之一就指出了ICT人才供给不足对产业发展的制约问题，主要表现为适龄人才的供给数量较难提升、专业结构不适配、人才梯队较高、人才供给结构性过剩等。近年来，国家围绕新基建加大对数字基础设施的投入和建设，进一步导致数字化人才需求旺盛，尤其以产业为依托的数字化核心技术人员缺口巨大。

2021年6月10日,毕马威与腾讯云共同发布了《区域性银行数字化转型白皮书》,对46家区域性银行进行了调研。结果显示,70%的被调研银行表示数字化专业人才短缺是制约其数字化转型的最主要因素。另据2020年7月人社部中国就业培训技术指导中心联合钉钉发布的《新职业在线学习平台发展报告》,未来五年间,云计算工程预计需要近150万名工程师、近100万名安装调试人员,无人机驾驶员、人工智能、工业机器人等系统人才缺口近千万人。

(二)数字化应用人才匮乏

数字化时代,人工智能的发展使得各行各业都出现了机器代替人工的现象。一方面,机器在某些方面有着人工无法企及的优势,比如工作的效率、工作的准确性等;另一方面,机器的使用也降低了企业的人力成本。但机器需要数字化应用人才进行维护和使用等,而我国这方面的人才缺口还很大。比如,广州市技师学院毕业生的求人倍率高达6∶1。有的企业会提前两年到该校预订毕业生,超过60%的学生会被企业提前一年预订,有的班级甚至学生一入学就被抢订一空。由此可见我国数字化应用人才的紧缺程度。

2016年12月,教育部、人力资源和社会保障部、工业和信息化部联合发布的《制造业人才发展规划指南》显示,在新一代信息技术产业、高档数控机床和机器人、航空航天装备、海洋工程装备及高技术船舶、先进轨道交通装备、节能与新能源汽车、电力装备、农机装备、新材料、生物医药及高性能医疗器械等制造业十大重点领域的人才缺口明显,预测到2025年,人才缺口约3000万人。2022年7月,人力资源社会保障部发布的《2022年第二季度全国招聘大于求职"最缺工"的100个职业排行》进一步显示,与2022年第一季度相比,制造业缺工状况持续,电子信息产业缺工情况比较突出,半导体各个环节几乎都面临着一定程度的技术工人短缺。传统制造业在向数字化智能化转型过程中,普遍缺少熟练掌握自动化技术与数控技术的操作工。华为轮值董事长胡厚崑就曾表示,截至2022年7月,我国数字化人才的缺口已超过1100万人。

(三)数字化管理人才不足

数字化管理人才的不足主要表现在数字化领导人才和数字化人力资源管理人才的短缺。

1.数字化领导人才短缺

数字化领导人才是指统领企业数字化转型工作的人才,其主要工作是制定数字化战略规划、推进组织数字化转型、持续应对数字化发展等。数字化颠覆了传统企业领导的认知、观念、思维、实践等。数字化领导是企业数字化转型成功与否的关键因素,因为数字化转型要求领导者对数字化本身及其影响有足够的认知和洞察,并能据此做出敏捷的反应,能够迅速地运用数字化思维对组织进行战略性重构或调整,还要能够敏捷地应对数字化的发展及其引起的变革,对组织进行持续改进和完善。显然,数字化领导力不是通过简单培训就可以获得的,需要企业管理者有意识地、不断地进行培养。因此,从整体看来,企业数字化领导力不足,在未来很长一段时期内,数字化领导人才都将非常紧缺,将会是全球争夺的焦点。

2.数字化人力资源管理人才短缺

人力资源管理通常是指为满足组织当前以及未来发展需要,通过招聘、甄选、培训、绩效管理等手段对组织内外相关人力资源进行获取、开发和运用,以有效实现组织目标的一系列活动的总称。人力资源管理的内容通常包括人力资源规划、人才招聘、培训与开发、绩效管理、薪酬管理、劳动关系管理等。

企业要推进数字化转型,人力资源管理体系就要围绕数字化人才进行重构:一是站在数字化战略的高度进行人力资源规划,根据组织数字化转型的要求分析数字化人才的需求岗位、需求数量、岗位职责、能力要求等,并能洞察数字化发展方向从而提前做好人才储备规划;二是寻找和开发数字化人才招聘的渠道;三是制定数字化人才的培养和开发标准并能迅速落实;四是创新数字化人才的绩效管理、薪酬管理和劳动关系管理模式。只有做好以上工作,才能吸引足够的数字化人才以协助完成企业的数字化转型。而要做好所有以上工作，人力资源管理者必须要有数字化的认知、思维和实践能力。

例如，目前企业为了解决快速迭代所引起的用工矛盾（比如人岗不匹配、工作质量达不到要求等）、用工短缺问题，以及降低成本、提升效率等，采取了灵活用工、共享用工等措施，这样一来，传统的雇佣模式就变成了合作模式，数字技术的发展也为这样的用工模式提供了支持。同时，数字技术的发展使得更多的人可以自由选择工作的时间、地点、环境等，这样他们就能够充分运用时间做自己真正感兴趣的事情，这也是新一代员工工作的动力之一。为了应对快速变化的个性化需求市场，企业需要极速地对市场信息做出响应，而做出极速响应的前提是员工具有决策的自主权和独立权。灵活用工、共享用工、自由工作等就可能会与员工的自主决策权产生背离。那么，人力资源管理就要从原先的任务式管理思维转变为让员工独立自主决策的思维，从原先的监督管理模式转变为以自驱为主的管理模式，从原先的各种细化指标的考核机制转变为以自我考核为主的机制。这就需要人力资源管理者具备足够的能力建立科学合理的数字化人才绩效考核、薪酬管理和劳动关系管理体系，使得员工收益完全与自己的能力水平和工作积极程度相关，从而激发员工工作的能动性和主动提升核心能力的意愿，激发员工的创新创造能力。人力资源管理者还要具备建设和优化自驱型文化、机制的能力，从而让员工主动反馈工作数据以达到自我考核的目的。而所有这些，必须建立在人力资源管理的思维、机制和体系彻底数字化的基础之上。

在数字化转型如火如荼进行的背景下，具备以上能力的数字化人力资源管理人才同样相当缺乏，数字化人力资源管理人才的培养也迫在眉睫。

（四）数字化复合型人才难觅

企业如果还是按照原来职能机构的设置，条块分割，每个机构各有一个系统，数据无法打通，无法相互融合，不对数据进行系统管理，那么，系统、数据越多，企业对市场的反应速度则越慢，企业成本会增加而不是减少,尤其是人工成本。许多企业都存在这样的问题,即每个部门一个数据系统,哪个部门需要数据了,就要人工按照要求进行输入,同样的工作重复多遍,效率不仅没有提升,还浪费了很多人力、物力,引起员工的不满。

也就是说,企业的数字化转型必须建立在内部系统的整合和重构基础之上,因此,如果没有既懂数字科技又懂业务的复合型人才,企业就需要组织协调大量的内部资源,多部门复杂化协同,这对管理者是一个极大的挑战,整个过程中稍有不慎(如沟通不良、配合不好等),就可能会导致失败。而企业如果拥有具备多元化知识和能力的复合型人才,这一问题便可迎刃而解。然而,别说是中小微企业了,就连大型银行、互联网企业等走在数字化前列的机构,都难觅这样的复合型人才。

三、企业数字化转型中人才短缺的原因

当前社会,导致企业数字化转型中人才短缺的因素主要有两个:人才供给跟不上企业的需求以及技术技能人才的发展环境不够完善。

(一)人才供给不足

1.传统产业人才数字化转型困难

虽然我国劳动力人口红利正在逐步消失,但根据2020年开展的第七次全国人口普查结果,我国人口为14.43亿人,15—59岁劳动年龄人口为8.94亿人,我国劳动力资源仍然充沛。问题是,虽然我国的文盲人口(15岁及以上不识字的人)为3775.02万人,文盲率从2010年的4.08%下降到2.67%,但拥有大学(指大专及以上)文化程度的人口为2.18亿人,15岁及以上人口的平均受教育年限为9.91年。可见,劳动力素质不高、传统企业工人的受教育程度不高将制约企业的数字化转型。对这些传统产业的工人进行数字化培训是一个增加数字化人才和提升工人求职能力的好办法,但这需要一个比较长的过程,而且也受制于工人的受教育程度。

2.学校培养的数字化人才数量不足

截至 2020 年,我国有高等院校 2738 所,其中高职(专科)院校 1468 所。2020 年毕业的普通本专科生和研究生人数为 870.06 万人,其中研究生为 72.86 万人,普通本专科生为 797.20 万人。中等职业学校为 9896 所(包括普通中专 3266 所,成人中专 991 所,职业高中 3216 所,技工学校 2423 所),2020 年的毕业生数为 484.87 万人,高等、中等院校毕业的总人数为 1354.93 万人。[①]当然这些毕业生中,会有一部分人选择进一步深造,但向社会输送的人才肯定超过 1000 万名。可见,学校向社会输送的人才数量并不少,但由于学校原来的专业设置没能跟上人才市场需求的变化,尽管这几年很多院校都在进行专业结构调整以应对数字化人才的缺口,还是无法在短期内满足企业的需求。另外,向社会输送的人才中,中等职业学校毕业生有将近三分之一,这跟数字化转型要求的高素质技能人才不相匹配。

此外,虽然国家在大力发展职业教育,但有些教育机构追求规模而缺乏内涵建设,产教融合不够深入,基础建设滞后,使得人才培养与企业实际需求之间存在脱节现象,人才培养和供给方面没有质量保障,无法实现有质量的规模性数字化人才供给。

3.企业培养数字化人才困难重重

企业面临数字化转型时,常常自身也方向不明,需要辅导,更别说构建自己的培训体系了,而且数字化人才的培养难度大、投入高、周期长,加上员工流动性大,培养出来后如何留住这些人才,也是一大挑战。在日本和德国,企业基本会终身雇佣并持续培养技术工人。我国有些大企业也正在积极发挥自身的引领作用,为社会努力培养紧缺的人才。比如,华为与全球 2000 多所高校合作成立了 ICT 学院,轮值董事长胡厚崑在第五届数字中国建设峰会上表示,将通过协同育人、产教融合等方式培养超过 300 万名新型计算机人才;再如,曹德旺以基金会名义捐建科技大学,以培养与社会需求对接的科技人才等。但大部分中国企业与工人缺乏牢固的长期合作关系,行为短期化,导致工人的技术培养与技术积

---

①根据 2020 年《中国统计年鉴》数据整理。

累就没有持续性。

因此，很多企业，尤其是中小微企业，培养人才的能力本身就不足，再加上意愿也不足的话，数字化人才依靠企业培养将困难重重。

4.复合型人才难以培养

数字化时代的复合型人才不仅要懂科技，还要懂业务，需要掌握的知识同时涉及自然科学和社会科学。这类复合型人才的形成有三种途径：一是同时涉足数字技术和业务领域，这类人本身就极少，加上业务领域也多种多样，因此，每个领域的这类人才是少之又少；二是在掌握数字技术的基础上，再去学习业务方面的知识，而实际上，做技术的大多不喜欢做业务；三是在掌握业务的基础上，去学习数字技术，这有一定的难度，需要人才自身有比较强的学习能力。

复合型专业且不说学习要求高、招生难度大，而且对师资的要求也非常高，所以，学校培养的基本还是专业人才。而专业人才要成为复合型人才，则需要自身的意愿和学习能力。由此可见，复合型人才并不是学校和企业想培养就一定能够大量培养的。

(二)技术技能人才的发展环境不够完善

1.社会教育方式没能跟上时代的发展

出于历史原因，大学生长期以来被认为是"天之骄子"，即使今天已经进入高等教育普及化时代，大学生数量激增，我们对大学生的看法和期望依然没变，大学生的就业观念还是停留在20世纪的寻找"铁饭碗"或者说体面职位。如今的"铁饭碗"是公务员、教师等职业，于是，就出现了考公务员热、当老师热，为了一个编制，高学历低就业的现象已经不新鲜了。"铁饭碗"是有限的，在应试教育背景下，为了谋求这种岗位，家长一路参与孩子从幼儿园到大学的过程，孩子被灌输如果不能获得类似公务员这样的体面职位，这一生都不算成功，都对不起家长，也对不起自己的思想。技术技能型人才的数量难以满足企业数字化转型的需求，与这样的教育方式存在很大关系。

2.低学历技术人才的社会地位不高

由于我国长久以来重视学历,使得在人才政策上,往往按照学历将人才分为三六九等,我们的技术人才即使技术过硬,如果学历不高,仍然在某些待遇方面受到歧视,比如同工不同酬的情况,低学历的人的工资待遇比高学历的人要低。很多国有企业,甚至民营企业,在人才选拔的时候,要求本科以上的学历,其晋升机制也常常与学历挂钩。此外,积分落户、购房资格、子女就学资格等,很多都与学历挂钩。这就使得很多学历不高的技术人才不愿意从事相关的工作,宁愿去送快递、送外卖,也不愿意在技术领域深耕钻研。很多高等职业院校毕业的学生也选择进一步提升自己的学历,而不是直接从事技术相关的工作。这是企业数字化转型过程中相关数字化人才短缺的又一个重要原因。

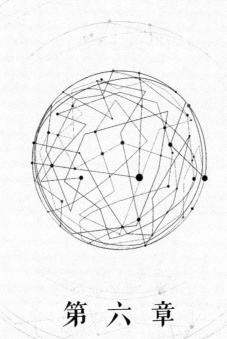

第 六 章

我国职业教育发展情况

我国职业教育体系由两大部分组成,包括职业学校教育和职业培训。前者又分为本科层次职业教育、高等(专科)职业教育、中等职业教育和初等职业教育。高等(专科)职业教育主要由高职院校实施;中等职业教育主要由普通中专、成人中专、职业高中、技工学校以及数量相对少的其他机构实施;初等职业教育由职业初中实施。职业培训大多由社会培训机构或者学校的社会培训部门实施。由于职业初中的数量从1985年的1626所锐减到2020年的10所,在校生人数只有2170人,而且随着经济社会发展对人才的要求越来越高,本书认为职业初中将很快退出历史舞台,所以,在分析职业学校教育的时候,就将之忽略了。另外,由于我国统计数据并没有对高职和专科院校进行区分,所以本书在进行相关分析时,用高职和专科院校的合计数据代替了高职院校数据,但这并不影响相关的结论。

一、职业学校教育发展情况

(一)本科层次职业教育发展情况

1.本科层次职业教育发展过程

我国于20世纪90年代开始探索本科层次的职业教育,最早采用的是"专升本"的形式。教育部于1998年12月发布了《面向21世纪教育振兴行动计划》,提倡多种途径发展高等职业教育,开始实施高校扩招政策，允许高等职业院校毕业生通过"专升本"考试进入本科院校接受高一级学历教育。这虽有别于真正意义上的本科层次职业教育，但也开拓了职业教育高层次发展的新路径，对本科层次职业教育进行了初步的摸索。

为进一步构建现代职业教育体系，2011年8月，《教育部关于推进中等和高等职业教育协调发展的指导意见》提出了完善高端技能型人才通过应用本科教育对口培养的制度。这是本科层次职业教育借应用型本科院校实现的做法，表明国家正式开启了本科层次的职业教育。

随着科学技术和社会经济的快速发展，劳动力市场对劳动者技术技能水平的要求也不断提高，而高端技术技能人才却相当缺乏，企业的发展受困于高端技术技能人才的巨大缺口。加快发展本科层次的职业教育，既是我国科技发展、产业转型升级对职业教育的更高要求，也是职业教育体系自身持续发展的需要。职业教育办学层次的提升需求越来越强烈，国家也更加重视本科层次职业教育的发展。2014年，国务院发布了《关于加快发展现代职业教育的决定》，探索本科层次职业教育的发展模式，主要是引导普通高校向应用型高校转型，如将独立学院转设为应用技术类型高等学校。当时并不倡导将专科层次的高等职业院校升格为或并入普通本科院校。然而，由普通本科院校转型而成的应用技术型高校，虽然较原先的普通高校更加注重应用性和实践性，但在理念和实践上并没有快速彻底地转换，人才培养质量不够理想，与现实需求有一定的差距。2015年，教育部发布了《高等职业教育创新发展行动计划（2015—2018年）》，其中仍然提出要引导一批独立学院转为应用技术型本科院校，不过，也强调了要重点办好本科层次职业教育。可见，国家已逐渐意识到本科层次职业教育的重要性，同时也发现普通本科转成的应用型本科在人才培养方面与预先的设想存在差距。

2019年，国家对本科层次职业教育体系的认识发生了重要转变，《国务院关于印发国家职业教育改革实施方案的通知》中正式提出开展本科层次职业教育试点，这是本科层次职业教育试点首次在政策文件中被明确提出。从此，开始进行高职（专科）院校（尤其是民办高职院校）升格为职业本科大学的试点,开启由职业本科大学培养高端技术技能人才的新阶段。

2.我国本科层次职业教育办学模式现状

在不断的探索中,我国本科层次职业教育目前主要实行"联办""试办""转办"和"创办"四种办学模式。

(1)"联办"模式

"联办"通常指普通本科院校和高职院校合作办学,联合培养。在"联办"模式中,普通本科院校的工作主要是招生与录取、学籍管理、毕业证和学位证发放等;高职院校提供学习场地,负责学生的日常教学与管理,进行校内外实训实习基地的建设,安排学生的顶岗实习,帮助学生获取职业资格证书等。简单地说,"联办"模式中,本科专业的人才培养,除了人才培养方案由普通本科院校和高职院校共同制定外,人才的培养过程基本是由高职院校完成的。例如,浙江金融职业学院依托高职优质资源,联合中国计量大学,在单独考试招生的相应类别生源中招收四年制高等职业教育学生。招生计划单列,定向下达到合作办学的中国计量大学,最后由中国计量大学发放本科文凭,当前联合办学的主要专业是金融工程(互联网金融)。同样,浙江工业职业技术学院与浙江科技学院进行了机械设计制造及其自动化(数控技术)专业的合作办学。河南工业职业技术学院与河南科技大学依据双方的学科优势和专业优势,联办了应用型本科专业:电气工程及其自动化。

"联办"模式的优点在于将高职院校的专业特色与普通本科院校的专业优势相结合,将理实一体化的课堂教学与基于工作情境的实践教学相结合,并直接对接企业工作过程,有利于培养高素质、高技能应用型人才,为企业数字化转型、产业转型升级提供更多的人才。但在"联办"模式下,学校之间的合作层次相对较低,沟通并不密切,专业培养质量往往难以保证。一方面,普通本科院校在"重学历、轻技能"的影响下仍然用自身标准对教学质量进行监控;另一方面,高职院校的人才培养仍然较为独立,普通本科院校对其影响力较小。总体而言,"联办"模式下的本科层次职业教育实施主体仍然是高职院校,培养高级应用型人才的目标难以实现。

（2）"试办"模式

"试办"模式主要尝试了两种方法：一种是普通本科院校的二级学院进行本科层次职业教育的试办，另一种是高职院校内进行四年制高职教育的试办。前一种通常纳入普通本科批次招生，并由该校给符合毕业条件的学生颁发毕业证书及授予学位证书。例如，云南师范大学职业技术教育学院于2008年开展高等职业教育四年制本科教育试点。其优点在于二级学院可以充分利用并发挥普通本科院校的综合优势，提高其知名度，加强与企业之间的合作，深化产教融合，提升办学质量。不过也存在着与"联办"模式类似的不足：脱胎于普通本科院校的二级学院仍存在着"重理论、轻实践"的教学模式，导致本科层次职业教育在人才培养方面做不到与岗位的无缝对接，实现不了职业教育的目的。由于其定位模糊以及职业本科的社会认可度不高，目前采用"试办"模式开展本科层次职业教育的普通本科院校并不多。

高职院校有试办四年制高职教育的积极性，其一方面可以提升办学层次，另一方面也可满足产业升级、企业数字化转型对相关专业高级应用型人才的迫切需求。例如，2001年，深圳职业技术学院得到教育部的批准，试办四年制本科专业：楼宇设备与智能化技术。相比于三年制培养的电气专业设计人员，四年制的定位是培养出具备计算机应用、信息工程、自动控制等多学科复合知识与技能的应用型技术人才，从而适应行业企业的转型与发展，促进社会进步。比较遗憾的是，这一探索最后因为没有相应的政策支持而被迫停止。

（3）"转办"模式

"转办"模式主要是引导地方普通本科院校转为应用型本科院校，以期形成科学合理的高等教育结构，增加应用型人才的培养数量，提高培养的质量，满足经济社会发展的需求。2014年，时任教育部副部长鲁昕在一次发言中指出，要推动国家1200所普通高等院校中的600多所向应用型高校和职业教育类型学校转变。为此，各地纷纷出台有关政策，鼓励地方普通本科院校向应用型本科院校转变。2015年4月，浙江省教育厅联合浙江省发改委和财政厅联合出台了《关于积极促进更多本科高校加强应用型建设的指导意见》,当年7月,浙江省41所普通本科院校(包括独立学院)率先进行试点。按照要求,到2020年,这些高校70%以上的专业必须是应用型专业,在应用型专业就读的学生必须占所在学校在校生的80%以上。转型的学校主要包括独立学院、2000年以后新建的高校以及20世纪90年代成立的地方本科院校。相较于"试办"模式,国家政策支持下的"转办"模式取得了比较大的成果。

"转办"模式的优点是满足了地方经济发展对于高素质应用型人才的渴求,有利于直接为地方和行业提供懂技术、懂业务的复合型高层次应用型人才。但是,从根本上说,地方普通本科院校转型为应用型本科院校,并不是自发的行为,主要还是一次自上而下的"国家行动"。因此,很多高校转型后定位不明,办学理念不清,往往是转了形式却未转实质。而且,近年来,应用型转型的导向下,出现了工科办学热,一些以文科见长、工科薄弱的本科院校也纷纷争取资金,"零起点"办工科专业。这样一来,就违背了转型的初衷,也难以保证高端技术技能型人才的培养质量。

(4)"创办"模式

"创办"模式分为两种情况。一种是将原来的高职(专科)院校升格为职业本科院校。1998—2005年,我国增设的191所本科院校要么是高职(专科)院校升格而来的,要么是多所高职高专院校合并而成的。其优点是高职(专科)院校升格为本科后,对高层次应用型人才的培养非常有利。缺点是相当一部分高职(专科)院校升格为职业本科院校后,并未真正往应用型方向发展,反而开始向普通本科教育靠拢,在很大程度上削弱了其原本的职业教育特色。

另一种是高职(专科)院校升格为职业本科院校,进行本科层次职业教育的试点。自2018年起,我国教育管理部门开始批准高职(专科)院校独立进行本科层次职业教育办学试点。整体而言,本科层次职业教育试点学校中,民办高职(专科)院校占多数。民办高职(专科)院校的优点是办学机制灵活,这是公办高职(专科)院校所不具备的。比如将更多的民办高职（专科）院校升格为职业本科院校，应该也有教育部门的一些考量，比如想要真正落实类型教育的特色，以构建完整的现代职教体系。不过，民办高职（专科）院校也有其不足之处，相比于优质公办高职（专科）院校，其办学质量往往不尽如人意，这主要体现在师资队伍的水平、校企合作的深度、专业设置与课程建设质量等方面。而且，升格为职业本科院校后，如何提升办学层次，区别于原先的办学理念、人才培养定位等，也是这些高职（专科）院校升格为职业本科院校后需要考虑的问题。不过，总体来看，政策的大力支持加上高职（专科）院校参与本科层次职业教育的积极性，应该会让"创办"模式有很好的发展前景。

3.我国本科层次职业教育的规模

自 2019 年第一批 15 所职业本科院校获批以来，截至 2022 年 5 月 31 日，全国本科层次职业院校共计 32 所（具体情况如表 6-1 所示）。教育部于 2022 年 9 月 14 日公布了《2021 年全国教育事业发展统计公报》，有关职业本科的相关数据首次在公报中被披露。数据显示，2021 年我国职业本科院校招生 4.14 万人，比 2020 年增加了 2946 人，增长 7.66%，另外还有专科起点职业本科院校招生 1.51 万人。2021 年，在校生为 12.93 万人，比 2020 年增加 5.59 万人，增长 76.16%，本科层次职业院校校均规模 1.84 万人。从学校性质看，民办居多，32 所中有 22 所为民办学校，占 68.75%。从地域来看，东部发达省份职业本科院校数量偏少，长三角地区总共 4 所（其中安徽 1 所也没有），广东 2 所，福建 1 所，地域分布不均衡。本科层次的职业教育尽管存在总体规模不大、发展不均衡等很多方面的问题，但职业本科院校开启了我国职业教育的新篇章，提升了我国职业教育的高度。

表 6-1　全国本科层次职业院校名单

学校名称	学校标识码	主管部门	所在地	性质
河北石油职业技术大学	4113016202	河北省政府	承德市	公办
河北科技工程职业技术大学	4113016203	河北省政府	邢台市	公办
河北工业职业技术大学	4113016204	河北省政府	石家庄市	公办
山西工程科技职业大学	4114016201	山西省政府	太原市	公办
运城职业技术大学	4114014226	山西省教育厅	运城市	民办
辽宁理工职业大学	4121012595	辽宁省教育厅	锦州市	民办

续表

学校名称	学校标识码	主管部门	所在地	性质
上海中侨职业技术大学	4131012915	上海市教委	上海市	民办
南京工业职业技术大学	4132010850	江苏省政府	南京市	公办
浙江广厦建设职业技术大学	4133013029	浙江省教育厅	金华市	民办
浙江药科职业大学	4133016207	浙江省政府	宁波市	公办
泉州职业技术大学	4135012928	福建省教育厅	泉州市	民办
南昌职业大学	4136013420	江西省教育厅	南昌市	民办
景德镇艺术职业大学	4136013435	江西省教育厅	景德镇市	民办
江西软件职业技术大学	4136013776	江西省教育厅	南昌市	民办
山东工程职业技术大学	4137013356	山东省教育厅	济南市	民办
山东外国语职业技术大学	4137013387	山东省教育厅	日照市	民办
山东外事职业大学	4137013874	山东省教育厅	威海市	民办
河南科技职业大学	4141014169	河南省教育厅	周口市	民办
湖南软件职业技术大学	4143013925	湖南省教育厅	湘潭市	民办
广州科技职业技术大学	4144013717	广东省教育厅	广州市	民办
广东工商职业技术大学	4144013721	广东省教育厅	肇庆市	民办
广西农业职业技术大学	4145016205	广西壮族自治区政府	南宁市	公办
广西城市职业大学	4145013920	广西壮族自治区教育厅	崇左市	民办
海南科技职业大学	4146014172	海南省教育厅	海口市	民办
重庆机电职业技术大学	4150012607	重庆市教委	重庆市	民办
成都艺术职业大学	4151012969	四川省教育厅	成都市	民办
贵阳康养职业大学	4152016206	贵州省政府	贵阳市	公办
西安汽车职业大学	4161013738	陕西省教育厅	西安市	民办
西安信息职业大学	4161014030	陕西省教育厅	西安市	民办
兰州石化职业技术大学	4162016209	甘肃省政府	兰州市	公办
兰州资源环境职业技术大学	4162016208	甘肃省政府	兰州市	公办
新疆天山职业技术大学	4165013727	新疆维吾尔自治区教育厅	乌鲁木齐市	民办

（二）高等（专科）职业教育发展情况

1.高职（专科）学校及其在校生

国家统计局数据显示：截至2020年，全国有普通高校①2738所，其中高职（专科）院校1468所，占比53.62%。表6-2反映了2011—2020年高等（专科）职业教育的发展情况。

表6-2　高等教育2011—2020年发展情况②

年份	普通高校/所	高职（专科）院校/所	高职（专科）院校占比/%	普通高校在校生/万人	高职（专科）院校在校生/万人	高职（专科）院校在校生占比/%
2011	2409	1280	53.13	2308.5	958.9	41.54
2012	2442	1297	53.11	2391.3	964.2	40.32
2013	2491	1321	53.03	2468.1	973.6	39.45
2014	2529	1327	52.47	2547.7	1006.6	39.51
2015	2560	1341	52.38	2625.3	1048.6	39.94
2016	2596	1359	52.35	2695.8	1082.9	40.17
2017	2631	1388	52.76	2753.6	1105.0	40.13
2018	2663	1418	53.25	2831.0	1133.7	40.05
2019	2688	1423	52.94	3031.5	1280.7	42.25
2020	2738	1468	53.62	3285.3	1459.5	44.43

从表6-2可以看出，高职（专科）院校的数量在逐年增加，但根据高职（专科）院校占比可以推断出，每年高职（专科）院校数量的增长幅度大多不如本科院校，只有2017年、2018年和2020年的增长幅度超过了本科院校。与此同时，高职（专科）院校在校生的数量也在逐年增加，根据高职（专科）院校在校生占比可以推断出：2011—2013年，高职（专科）院校在校生数量的增长幅度不如本科院校；2014—2016年，在校生数量的增长幅度超过了本科院校；2017和2018年，高职（专科）院校在校生数量的增长幅度相比本科院校又有所减小；2019年和2020年，增长幅度较大，显著超过了本科院校，这应该是因为2019年高职（专科）院校扩招116万

①普通高校是相对于成人高等学校而言的，包括本科院校和高职（专科）院校。

②本章此后所有表格数据来源：国家统计局网站（http://www.stats.gov.cn）。

人。另外,虽然高职(专科)院校的数量一直是大于本科院校的,但高职(专科)院校在校生与普通高校在校生的数量之比基本在40%左右,最高的2020年也只有44.43%,可见,我国高职(专科)教育招生数是小于本科的。不过,以上数据显示高职(专科)教育的发展势头不断增强,这可能与2019年《国家职业教育改革实施方案》的颁布实施以及各种政策文件密集出台有关。

2.高职(专科)院校专任教师

从表6-3可以看出,普通高校专任教师数量在逐年上升。2011—2018年,普通高校生师比基本稳定,但2019年和2020年则有显著的上升。高职(专科)院校专任教师情况表现出了与普通高校总体相似的情况,专任教师数量呈现逐年上升的趋势,同样,2011—2018年,生师比基本稳定,但2019年和2020年则有显著的上升,但总体上,高职(专科)院校生师比相较普通高校要高许多。以上数据说明,相比于普通高校,高职(专科)院校的专任师资投入相对少,当然,这也可能与高职(专科)院校有更多的行业兼职教师有关,由于行业兼职教师数量没有权威的统计数据,这里无法做进一步的分析。不过,专任师资投入偏少肯定会影响高职(专科)院校的教学质量。

表6-3 高职(专科)院校与普通高校专任教师情况

年份	普通高校专任教师/万人	普通高校生师比	高职(专科)院校专任教师/万人	高职(专科)院校生师比
2011	139.3	16.57	41.3	23.22
2012	144.0	16.61	41.3	23.35
2013	149.7	16.49	43.7	22.28
2014	153.5	16.60	43.8	22.98
2015	157.3	16.69	45.5	23.05
2016	160.2	16.83	46.7	23.19
2017	163.3	16.86	48.2	22.93
2018	167.3	16.92	49.8	22.77
2019	174.0	17.42	51.4	24.92
2020	183.3	17.92	55.6	26.25

(三)中等职业教育发展现状

1.中等职业学校及其在校生

国家统计局数据显示,截至2021年底,全国有中职学校7294所,占高中阶段教育学校数(21879所)的33.34%;中职学校在校生数为1311.8万人,占高中阶段教育学生(3916.8万人)的33.49%。

表6-4反映了2011—2021年中等职业教育的发展情况。可以看出,普通高中的数量和在校生数量总体上呈增长趋势,而中职学校数量,无论是绝对值还是与普通高中数量之比,都在逐年下降,尤其是2021年,出现了断崖式下降。中职学校在校生数量的变化则表现出了一定的差异性:2011—2018年是逐年降低的,而2019年和2020年则是增加的,但2021年又急剧下降。中职学校在校生与普通高中在校生数量之比,在2011—2019年是逐年降低的,2020年有所上升但幅度并不是很大,尚没有恢复到2017年的水平,2021年则又明显下降。

表6-4 中等职业教育2011—2021年发展情况

年份	普通高中/所	中职学校/所	中职学校数与普通高中数量之比/%	普通高中在校生/万人	中职学校在校生/万人	中职学校在校生与普通高中在校生数量之比/%
2011	13688	13083	95.58	2454.8	2205.3	89.84
2012	13509	12654	93.67	2467.2	2113.7	85.67
2013	13352	12262	91.84	2435.9	1923.0	78.94
2014	13253	11878	89.62	2400.5	1755.3	73.12
2015	13240	11202	84.61	2374.4	1656.7	69.77
2016	13383	10893	81.39	2366.6	1599.0	67.57
2017	13555	10671	78.72	2374.5	1592.5	67.07
2018	13737	10229	74.46	2375.4	1555.3	65.48
2019	13964	10078	72.17	2414.3	1576.5	65.30
2020	14235	9896	69.52	2494.5	1663.4	66.68
2021	14585	7294	50.01	2605.0	1311.8	50.36

2019年和2020年中职学校在校生增加应该与2019年1月国务院出台的《国家职业教育改革实施方案》有关,该方案提出,"把发展中等职业

教育作为普及高中阶段教育和建设中国特色职业教育体系的重要基础,保持高中阶段教育职普比大体相当",从而促进了中职教育的发展,使得当年的中职学校在校生比2018年增加了21.2万人。另外,中等职业教育招生政策的变化对此也产生了一定影响,中本一体化政策的出台对学生有一定的吸引力。但总体来说,中等职业学校数和招生人数呈现下降趋势,而普通高中教育则呈现上升趋势,侧面反映了学生更倾向于读普通高中而非中等职业学校的想法。尤其2021年的数据说明,只要有选择的机会,大部分学生还是优先选择普通高中,这一点从民办普通高中数量的增长趋势也可以看出(见表6-5)。当无法就读公办普通高中时,很多人选择了民办普通高中,这进一步说明普通高中更受欢迎。

表6-5　2010—2020年民办普通高中发展情况

年份	学校数/所	招生数/人	在校生数/人
2011	2394	835370	2349833
2012	2371	821302	2349575
2013	2375	798192	2316445
2014	2442	827299	2386542
2015	2585	945055	2569644
2016	2787	1028923	2790794
2017	3002	1114094	3062608
2018	3216	1169477	3282687
2019	3427	1358581	3596765
2020	3694	1533930	4012899

2.中等职业学校专任教师

从表6-6可以看出,普通高中的专任教师数在逐年上升,生师比逐年下降。而中等职业学校的专任教师数量整体呈下降趋势,只有2019年和2020年有略微上升,但2021年出现了断崖式下降。中等职业学校专任教师数量的下降应该与中等职业学校的减少有关,因为生师比基本是下降的,说明师资的投入还是相对有所增加的。不过,2020年,生师比又开始上升,本书分析应该是招生政策变化所带来的,很多职业院校扩大招生规模，师资力量一时无法跟上。不过，中等职业学校的生师比虽也呈下降趋势，但相对于普通高中要高许多，而且2019年和2020年表现出上升趋势，说明相比于普通高中，中等职业学校的师资投入还是较少，进一步说明社会上对中职教育的重视程度要低一些。普通高中专任教师数量在逐年上升，生师比逐年下降，说明社会上对普通高中越来越重视，投入也越来越多。

表6-6 中等职业学校与普通高中专任教师情况

年份	普通高中专任教师/万人	中职学校专任教师/万人	普通高中生师比	中职学校生师比
2011	155.7	88.1	15.77	25.03
2012	159.5	88.0	15.47	24.02
2013	162.9	86.8	14.95	22.15
2014	166.3	85.8	14.43	20.46
2015	169.5	84.4	14.01	19.63
2016	173.3	84.0	13.66	19.04
2017	177.4	83.9	13.39	18.98
2018	181.3	83.4	13.10	18.65
2019	185.9	84.3	12.99	18.70
2020	193.3	85.7	12.90	19.41
2021	202.8	70.0	12.85	18.74

（四）分地区职业学校教育情况

1.分地区高职（专科）教育情况

从表6-7可以看出，各地区的教育发展不平衡。从学校来看，中东部地区多，西部地区少；从生师比来看，北京和上海最小，说明这两个地区的教育资源最丰富，生师比最大的是云南和广西，说明这两个地方教育资源最欠缺；从本科与专科在校生比来看，最大的是北京，达到了7.36，说

明北京的本科生要远多于专科生,接下来分别是上海(2.84)、西藏
(2.34)、吉林(2.21)、黑龙江(2.11),小于1的有江西、山东、广西、贵州、新
疆,说明这些地区的专科生要多于本科生。

表6-7　2020年各地区普通高等学校情况

地区	学校/所	专任教师/人	在校生/人	生师比	本科在校生/人	专科在校生/人	本科与专科在校生比
北京	92	74138	608866	8.21	536068	72798	7.36
天津	56	34239	572152	16.71	368219	203933	1.81
河北	125	85429	1604798	18.79	874520	730278	1.20
山西	85	43642	841986	19.29	527382	314604	1.68
内蒙古	54	28025	486647	17.36	271093	215554	1.26
辽宁	114	64045	1140799	17.81	712090	428709	1.66
吉林	64	41447	726957	17.54	500763	226194	2.21
黑龙江	80	48858	825601	16.90	560129	265472	2.11
上海	63	47668	540673	11.34	399964	140709	2.84
江苏	167	126013	2014698	15.99	1174114	840584	1.40
浙江	109	70445	1148737	16.31	661251	487486	1.36
安徽	120	65576	1368465	20.87	710031	658434	1.08
福建	89	52001	947187	18.21	537206	409981	1.31
江西	105	65300	1241984	19.02	610232	631752	0.97
山东	152	124215	2291483	18.45	1136995	1154488	0.98
河南	151	133367	2492185	18.69	1250704	1241481	1.01
湖北	129	88750	1616873	18.22	934013	682860	1.37
湖南	128	79598	1510332	18.97	781798	728534	1.07
广东	154	122350	2400227	19.62	1222533	1177694	1.04
广西	82	53438	1184167	22.16	560024	624143	0.90
海南	21	11937	230062	19.27	125661	104401	1.20

续表

地区	学校/所	专任教师/人	在校生/人	生师比	本科在校生/人	专科在校生/人	本科与专科在校生比
重庆	68	49174	915556	18.62	488277	427279	1.14
四川	132	95439	1800903	18.87	993825	807078	1.23
贵州	75	39418	840249	21.32	394044	446205	0.88
云南	82	43396	964205	22.22	499409	464796	1.07
西藏	7	2712	38556	14.22	27012	11544	2.34
陕西	96	73436	1210048	16.48	722213	487835	1.48
甘肃	50	31030	581062	18.73	307485	273577	1.12
青海	12	4883	74111	15.18	42470	31641	1.34
宁夏	20	9129	146679	16.07	89421	57258	1.56
新疆	56	23884	486680	20.38	238494	248186	0.96

2.分地区中职教育情况

从表6-8可以看出，中等职业学校生师比最低的是北京，其次是吉林，都在10以下。生师比在20以下的地区有西藏、山西、内蒙古、上海、黑龙江、辽宁、天津、甘肃、江苏、浙江、山东、河北、陕西、广东、吉林和北京。另外，除了吉林，其他地区中等职业学校的生师比都是高于普通高中的。中等职业学校和普通高中的生师比相差最大的是青海，其中等职业学校的生师比达到了37.34，远超当地普通高中（生师比为12.45），接下来依次是广西、海南、云南、安徽、江西、宁夏、新疆、贵州（相差都在10以上）。中等职业学校的生师比与普通高中的生师比较为接近的是西藏、黑龙江和北京。可见，北京、天津、上海等大城市以及东北地区、西北地区、北方地区和江浙地区在中等职业学校的师资投入方面相对要多，但中等职业学校的师资投入总体上不如普通高中。

表 6-8　2020 年各地区普通高中和中等职业学校情况

地区	普通高中				中等职业学校				普通高中和中等职业学校在校生数量之比	中等职业学校生均教育经费/元	普通高中生均教育经费/元
	学校/所	专任教师/人	在校生/人	生师比	学校/所	专任教师/人	在校生/人	生师比			
北京	321	21013	160152	7.62	84	5765	46376	8.04	3.45	162746.20	167471.40
天津	185	16798	168573	10.04	67	5520	78390	14.20	2.15	50170.26	67907.55
河北	707	115108	1517453	13.18	607	50330	837855	16.65	1.81	37377.33	35740.75
山西	518	64331	654491	10.17	340	23572	301205	12.78	2.17	43136.89	37113.98
内蒙古	305	37519	405893	10.82	231	13535	175446	12.96	2.31	51903.29	48226.80
辽宁	425	52434	594265	11.33	267	18889	256489	13.58	2.32	38252.59	33937.84
吉林	257	32661	428406	13.12	244	13370	118915	8.89	3.60	57788.28	33503.55
黑龙江	370	43065	556509	12.92	210	12346	163552	13.25	3.40	47243.03	29353.84
上海	262	19042	166407	8.74	89	7991	104770	13.11	1.59	111027.00	116724.90
江苏	585	105467	1155411	10.96	198	43503	624464	14.35	1.85	47593.68	63994.54
浙江	622	73662	809004	10.98	249	36504	569080	15.59	1.42	58976.59	70479.64
安徽	661	82054	1133579	13.82	298	28830	791146	27.44	1.43	34717.05	32573.15
福建	550	52750	664046	12.59	166	17004	358090	21.06	1.85	42505.63	40398.62
江西	519	65211	1104548	16.94	320	15573	445493	28.61	2.48	37447.29	34417.21
山东	682	148952	1759785	11.81	397	49169	777416	15.81	2.26	41598.49	38045.90

续表

地区	普通高中				中等职业学校				普通高中和中等职业学校在校生数量之比	中等职业学校生均教育经费/元	普通高中生均教育经费/元
	学校/所	专任教师/人	在校生/人	生师比	学校/所	专任教师/人	在校生/人	生师比			
河南	925	148095	2248585	15.18	544	46091	1149685	24.94	1.96	22363.21	27371.58
湖北	536	68470	891704	13.02	263	20927	420328	20.09	2.12	39544.56	43414.03
湖南	660	89921	1273403	14.16	494	32384	682951	21.09	1.86	30649.09	32958.69
广东	1035	151802	1903517	12.54	396	43848	866831	19.77	2.20	45069.08	48853.12
广西	499	71043	1151497	16.21	230	20554	699890	34.05	1.65	24809.14	24819.01
海南	127	14306	181850	12.71	64	4062	123339	30.36	1.47	32337.71	48065.79
重庆	264	40836	626265	15.34	129	15417	342379	22.21	1.83	32740.76	35493.84
四川	792	102957	1408814	13.68	397	37902	817131	21.56	1.72	31702.81	30369.23
贵州	471	69086	975235	14.12	184	16630	403573	24.27	2.42	20078.71	30443.09
云南	601	72991	971639	13.31	369	20870	599212	28.71	1.62	29515.59	42480.50
西藏	38	6080	75004	12.34	13	2544	32120	12.63	2.34	99265.30	90081.21
陕西	464	57224	654448	11.44	230	15190	279787	18.42	2.34	32694.11	42517.66
甘肃	364	45994	515813	11.21	184	13686	194601	14.22	2.65	40324.21	34518.27
青海	106	10386	129312	12.45	33	2301	85922	37.34	1.50	47542.15	51408.86
宁夏	68	11615	160796	13.84	29	3028	75524	24.94	2.13	42645.21	38277.60
新疆	316	42355	498125	11.76	147	11383	256419	22.53	1.94	36003.77	40728.07

从表6-8还可以看出,吉林、北京、黑龙江3个地区的普职比[1]最高,在3.40以上;甘肃、江西、贵州、陕西、西藏、辽宁、内蒙古、山东、广东、山西、天津、宁夏、湖北等13个地区的普职比在2.00到3.00之间;河南、新疆、湖南、福建、江苏、重庆、河北、四川、广西、云南、上海、青海等12个地区的普职比在1.5到2.0之间;普职比较低是浙江、安徽和海南,在1.50以下,浙江最低,只有1.42。进一步分析发现,中等职业学校生师比最低的北京和吉林,其普职比却是最高的,吉林的中等职业学校生师比是8.89,其普通高中的生师比是13.12。另外,其中等职业学校生均教育经费投入也比较多(57788.28元,排在全国第五),比普通高中生均教育经费投入(33503.55元)多24284.73元,反映其对中等职业教育的重视。不过,该地区的普职比为全国最高;类似的情况还有黑龙江等。中等职业学校生师比最高的青海(37.34),其中等职业学校生均教育经费投入也比较多(47542.15元,排在全国第九),但比普通高中生均教育经费投入(51408.86元)少3866.71元,而且普通高中的生师比(12.45)比吉林还要低,说明青海对普通高中的重视程度要比中等职业学校高很多,但其普职比为1.50,居全国倒数第四;类似的情况还有海南等。也就是说,本书没有找到师资投入、教育经费投入等与普职比之间的显著关系。师资投入和教育经费投入反映了地区对教育的重视程度,然而,数据没有显示出对中等教育的重视程度与普职比之间的显著关系。

大致说来,除了北京以外,经济发达地区的普职比相对低,比如长三角地区;东北地区普职比较高,西南地区偏低;但又并不完全是这样,经济不发达的青海普职比也比较低,天津、广东等经济发达地区的普职比又是相对较高的,西南地区的贵州、西藏普职比不低,经济也不发达。

本书从师资投入、经费投入、GDP增速、人均收入、产业吸纳力、高考录取率、高考难度、高考考生数量与高校数之比等多方面进行了分析,发现这些因素与普职比都不存在强的相关关系。综上,本书推测普职比应该是跟各地中考分流政策的执行力度有关。

---

[1]普职比:普通高中和中等职业学校在校生数之比。

二、职业培训发展情况

现代化的企业广泛采用机器和智能设备进行生产，工艺技术十分复杂和严密，劳动者既要熟练地掌握操作技能，还要深刻地理解专业知识。因此，职业培训是持续提高劳动者知识和技能水平、不断发展社会生产力的客观要求。

中华人民共和国成立以来，通过各种职业培训培养了大批技术工人、管理人员和其他专业人员，推动了经济的发展，在全国工作重点转移到以经济建设为中心的社会主义现代化建设上以后，职业培训受到了国家和企业更多的重视。在当前企业数字化转型的大背景下，加大力度开展职业培训对于提升当前劳动者就业能力，助推企业成功转型同时解决社会就业难题，无疑至关重要。

（一）职业培训概述

1.职业培训的概念

职业培训也称为职业技能培训，是指对已经就业或准备就业的人员，以开发或提升其职业技能为目的而进行的业务知识和技术技能操作能力的训练。

2.职业培训的对象

职业培训的对象是劳动法意义上的劳动者。在这里，劳动者是广义的，既包括已经成为劳动关系一方当事人的劳动者（在职员工），也包括正在求职的劳动者。后者可以是具有劳动能力的人，也可以是尚未具有劳动能力的人（如技工学校的学生）。

3.职业培训的目的

职业培训的目的是开发或提高受训者的职业技能，使受训者获得或提升某方面的职业技能，而不是提高受训者的文化水平。

4.职业培训的内容

职业培训的内容是相关岗位或工种的业务知识和技术技能的实际应用能力。职业培训的基本内容一般分为基本素质培训、职业知识培训、专业知识与技能培训、社会实践培训等。

5.职业培训的类型

职业培训的种类通常包括劳动预备制度培训、专业技能培训和管理技能培训等。依据职业技能标准,培训的层次分为初级、中级、高级职业培训和其他适应性培训。

6.职业培训的承担机构

职业培训工作主要由学校的培训部门、社会培训机构、政府相关服务部门、行业协会等各类职业培训机构承担。

(二)职业培训机构情况

通过企查查网站收集的数据显示,截至2022年8月17日,我国共有224715家经营范围是职业培训的企业,其中正常状态的职业培训企业有157335家。2011—2021年的正常状态职业培训企业数量及其增长情况详见图6-1。2017年的数量增长最多,突破了2万家,但增速是在2016年达到了顶峰。2017年以后,我国每年新增职业培训企业数量有所下降,增速也急速下降,但仍保持年增量1.1万家以上,除了2020年和2021年受到疫情影响外,年增速均在15%以上。可见,我国职业培训需求推动了职业培训企业数量快速增长,但我国职业培训市场集中度较低。

图6-1　2011—2021年职业培训企业数量及其增长情况

注:本图数据仅包括正常状态企业,不包括异常状态和注销状态的企业数据。

1.地域分布不均匀

从地域上看，我国职业培训企业呈现不均匀分布特点。广东以37854家职业培训企业排行第一，占据了总量的16.8%，紧随其后的是江苏(35115家)、浙江(25935家)、山东(21602家)(见图6-2)。值得注意的是，这4个省份的职业培训企业占据了全国总量的大半壁江山，达到了53.6%，其他各省份的职业培训企业均不到1万家，大多在5000家以下，宁夏、青海、西藏的职业培训企业均没有超过1000家，最少的是西藏，才308家。

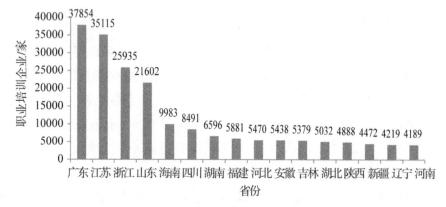

图6-2　培训企业数量按省份分布

注：4000家以下的省份没有在图中显示。

2.职业培训企业规模偏小

通过企查查网站获得的数据显示，职业培训小微企业有111174家，占全部职业培训企业的49.5%，也就是将近一半的职业培训企业是小微企业。

就参保人数而言，10人以下的企业有113607家，占据了总量的50.6%，也就是一半以上的职业培训企业参保人数在10人以下。参保人数在100人及以上的仅有2539家，份额仅有1.1%(见图6-3)。

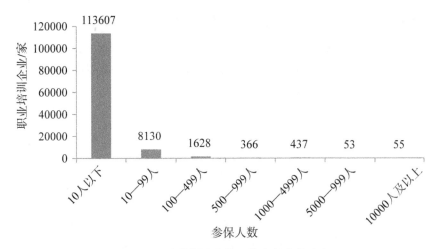

图6-3 职业培训企业数量按参保人数分布

注册资金方面,100万元以内的职业培训企业有99550家,占据了总量的44.30%,而注册资金高于3000万元的只有8154家,仅占3.63%(见图6-4)。

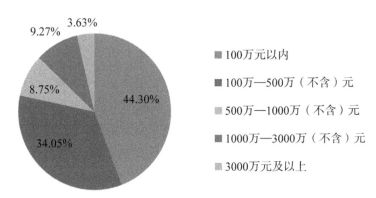

- 100万元以内
- 100万—500万(不含)元
- 500万—1000万(不含)元
- 1000万—3000万(不含)元
- 3000万元及以上

图6-4 培训企业数量按注册资本分布比例

(三)职业培训市场情况

1.职业培训市场规模

近年来,我国职业培训市场规模快速扩大,据艾媒咨询,2015—2019年期间,我国职业培训市场的增速均在10%以上(见图6-5)。2020年受疫情影响,线下课程无法开设,职业培训市场规模同比缩小8.87%,比较依赖线下场景的专业技能类培训受疫情影响更大，市场规模缩小25%左右。受政策鼓励、资本支持、终身学习理念普及等因素影响，以及就职者为提升竞争力会更倾向于职业培训，我国线上职业培训规模不断扩大，年均复合增长率超过30%。

图6-5　2015—2021年职业培训市场规模

注：数据来源于艾媒咨询（https://report.iimedia.cn），2021年为预测值。

2.职业培训项目

关于职业培训项目，笔者针对传统项目和新兴项目在企查查网站上输入关键词，限定职业培训的经营范围，搜集到的数据如表6-9、图6-6、表6-10、图6-7所示。从数量上来看，开展企业管理培训项目的职业培训企业最多，这是因为企业的设立和发展都跟企业管理密切相关。接下来数量较多的是关于计算机和软件的培训，互联网的发展及现在的数字经济都跟这两者密切相关。开展电子商务和财务方面培训的企业数量处于中间位置，虽然电子商务已经不如以前热门了，但已经成为人们生活中必不可少的一部分，而财务是每个企业不可或缺的，又需要比较专业的知识和技能。开展机器人、大数据和区块链方面培训的企业目前较少，作为新兴的产业，开展这些方面培训的企业数量与企业管理、计算机、软件培训之类的就不是一个量级，但近几年其增长迅速。

从增长率来看，虽然每一类职业培训企业都保持数量的不断增长，但开展物联网、人工智能、大数据和区块链培训的企业增速明显要快于开展传统培训的企业。其中,2021年,人工智能职业培训企业的增长率达到了72.82%,区块链职业培训企业的增长率也达到了58.74%。而且,2020年,在各类职业培训企业增长率几乎都下降的情况下,人工智能和区块链的职业培训企业增长率依然保持上升趋势。另外,数据显示,电子商务的职业培训企业增长率下滑严重,笔者分析可能是因为电子商务不需要太专业的知识和技术,学起来比较简单,因此互联网环境下成长起来的一代对于电子商务职业培训的需求就减少了。

表6-9 2017—2022年不同领域的职业培训企业数量

单位:家

关键词	2017年	2018年	2019年	2020年	2021年	2022年(截至8月17日)
企业管理	29043	34808	41674	46861	55620	63207
计算机	18548	21850	25821	28171	31014	33723
软件	15702	18755	22361	25413	30397	34005
电子商务	7250	8950	10736	11821	12879	13759
财务	3546	4247	5136	5868	7250	8498
物联网	1251	1522	1978	2484	3500	4377
人工智能	740	1012	1380	1957	3382	4532
机器人	783	976	1199	1425	1875	2183
大数据	522	729	967	1244	1870	2475
区块链	178	283	372	509	808	1048

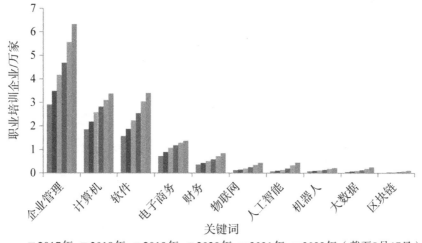

图6-6 2017—2022年不同领域的职业培训企业数量

另据艾媒咨询对受访用户的调查，需求最大的职业技能培训项目是计算机类。

随着企业数字化转型升级，以及电子商务、人工智能、大数据、机器人、物联网等的推广应用，数字化相关人才的缺口巨大，催生了对计算机、软件、电子商务类职业培训的需求，同时也促进了物联网、人工智能、机器人、大数据、区块链等新职业技能培训的飞速发展。

表6-10　2018—2021年不同领域的职业培训企业增长率

关键词	2018年	2019年	2020年	2021年
企业管理	19.85%	19.73%	12.45%	18.69%
计算机	17.80%	18.17%	9.10%	10.09%
软件	19.44%	19.23%	13.65%	19.61%
电子商务	23.45%	19.96%	10.11%	8.95%
财务	19.77%	20.93%	14.25%	23.55%
物联网	21.66%	29.96%	25.58%	40.90%
人工智能	36.76%	36.36%	41.81%	72.82%
机器人	24.65%	22.85%	18.85%	31.58%
大数据	39.66%	32.65%	28.65%	50.32%
区块链	58.99%	31.45%	36.83%	58.74%

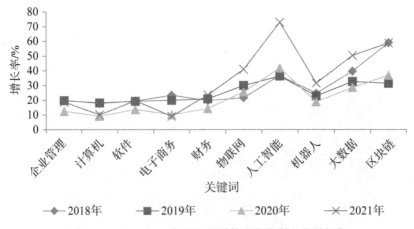

图6-7　2018—2021年不同领域的职业培训企业增长率

三、职业教育体制发展情况

（一）职业教育体制发展历史

我国的学校职业教育最早可以追溯到1867年成立的福建马尾船政学堂,经过150多年的发展,我国已初步建成为国家各行各业培养各类职业技术技能人才的现代职业教育体系,职业教育体制跟随社会经济发展不断地进行调整。

1.多方共同办学和管理,职校生包分配

（1）中华人民共和国成立初期:由中央、国有企业办学和管理,封闭式人才培养,产学紧密结合

中华人民共和国成立初期,国家经济建设任务很重,急需各类技术人才。为了能在相对短的时间培养一批初、中级技术工人和工程技术人才并输送到生产一线,1951年召开了第一次全国中等职业教育工作会议,提出中央与各省份分别成立中等职业教育委员会,以指导各地区发展职业教育。于是,全国成立了很多半工半读学校、技工学校和中专学校。中等职业学校、技工学校大部分由行业部门和国有企业举办,地方教育部门举办职业高中。计划经济体制下,我国的技能培养是"以工厂学徒制为主,职业院校为辅",职业院校也大多采取半工半读的形式。为便于人才的调配,当时大多数中专学校和技工学校都由中央直属部门直接领导与管理。1958年,中央下放管理权,由国有企业办学和管理的学校逐渐增加,职工教育和职业教育相结合,专门为工厂培养技术人才。[①]从此,职业教育快速发展。到1965年,我国各类中等职业学校,包括半工半读、农业中学、技工学校和中专学校,加起来有6万多所,在校生有499.5万人,在校生占高中阶段在校生的53%。

这一阶段,职业教育采用封闭式的人才培养机制,产教紧密结合。

---

①王雅静.我国职业教育管辖权的演变格局——历史沿革、现实与展望[J].苏州大学学报(教育科学版),2021(1).

（2）改革开放初期:教育部主导职业教育的恢复,办学模式同普通中学

职业教育在"文化大革命"遭到了很大破坏,绝大部分半工半读学校、农业中学和技工学校停办。到1976年,全国的高中阶段教育基本由普通高中完成,当时保留住的中专学校已经很少,教育结构严重失调。

1978年4月22日,邓小平同志在全国教育工作会议上发表了重要讲话,其中提到要提高农业中学、技工学校和各类中专学校在整个教育事业中的比例。国家着手推动一些效益差的普通高中改办职业高中。党的十一届三中全会后,职业教育管理进入新的阶段。1980年,国务院批转教育部、国家劳动总局《关于中等教育结构改革的报告》,教育部开始开展中等教育结构的调整工作,恢复和发展了原来的技工学校。

进入20世纪80年代,我国陆续出台了多个职业教育方面的政策,主要的目标是大力发展职业中学,这一时期职业教育的办学模式基本参照普通中学。

此后的职业教育有了比较好的发展趋势,截至1985年,我国技工学校增长约4.6%,农村职业高中的在校生增加了10.5%,中等职业学校的在校生人数比1978年增加了29.3%,总人数突破了420万人。

（3）1986—1996年:以行业系统办学为主,产教结合

1986年5月,为统筹发展职业教育,我国建立了职业技术教育委员会,并于1986年7月召开了第一次全国职业技术教育工作会议,提出在"七五"期间的主要目标是:1990年前后,全国中等职业技术学校招生数与普通高中大体相当;五年内培养800万名初、中级技术人员和管理人员;培养更多的技术工人,使中级技工比例由27%提高到50%,高级技工比例由2%提高到5%;农村回乡初、高中毕业生的多数能受到不同程度的职业技术培训;办成一批师资水平较高、教学设施较完备、教育质量较好、能起示范作用的职业技术学校和培训中心。1987年1月,职业技术教育委员会进一步提出,"职业技能训练必须严格要求,坚决克服和防止重理论轻实践的偏向"。

1992年10月17日,国务院在《关于大力发展职业技术教育的决定》

中指出,要"提倡产教结合,工学结合",明确了产教结合的职业教育教学模式,这标志着我国职业教育变革的开始,从此我国的职业教育走上了校企合作、产教结合、工学结合的道路。

1993年2月,中共中央、国务院印发《中国教育改革和发展纲要》,实行"先培训,后就业"的制度,改变了此前半工半读以及后来轻理论的办学模式。1993年2月,国家教委发布《关于进一步改革成人中等专业学校招生工作的通知》,扩大了成人中专的招生范围,降低了入学条件,但不包分配。1993年9月,《劳动部关于深化技工学校教育改革的决定》明确提出了技工学校自主招生,毕业生自主择业。自此,开始了高校扩招、毕业生不包分配的时代。1996年颁布的《职业教育法》完整而具体地提出了加强职业教育内部建设、深化教学改革的政策。1996年1月9日,人事部颁布实施《国家不包分配大专以上毕业生择业暂行办法》。

至此,职业教育也发展到了阶段性顶点,截至1996年,中等职业学校招生占到了高中阶段招生的57.9%,中等职业学校在校学生数占高中阶段学生总数的比例达到56.4%。职业教育也形成了多部门、多行业共办的格局,管理主体包含行业、企业、劳动部门和教育部门等,以行业系统办学与管理为主。

2.市场化办学,职业教育由行业系统划归教育系统,人才培养与产业关系弱化

随着市场化改革的深入,国家取消了计划经济体制下统包统分的劳动用工制度。从1995年开始,中专生缴费上学,自主择业。国企改革使国企剥离了社会职能,职业教育行业办学的现象逐渐减少,职业教育逐渐与产业脱离。同时,工人下岗、大学扩招和学历贬值削弱了人们对职业教育的选择意愿。加之学校自身改革滞后,人才培养模式、专业设置、课程体系、师资能力等转型乏力,跟不上经济结构调整和产业转型的步伐,不能适应市场需求。因此,1997年开始,中职招生人数连续五年滑坡,职业教育开始显现危机。

1998年,《国务院关于调整撤并部门所属学校管理体制的决定》要求原九部门所属学校进行管理体制调整。1999年以后,职业教育由行业部门和教育部门共同举办的格局发生变化，大部分职业院校被行业和企业剥离出去，划转为地方政府主管，由教育系统负责。

(二)21世纪职业教育体制的发展

基于社会经济发展的需要，国家开始重振职业教育，自21世纪初以来，出台了一系列的政策措施。

2002年7月，全国职业教育工作会议首次以国务院名义召开。面对21世纪之初职业教育的诸多问题和挑战，会议重申"大力发展职业教育"的战略方针，确定重点推进职业教育管理体制、办学体制、教育教学、学校人事制度和劳动就业制度等五项改革。党的十六大之后，中央提出把高技能人才培养作为人才培养的工作重点。此后，职业教育发展的主旋律是大力发展和培育高素质技能人才。

2003年11月，教育部发布《关于批准有关高等学校试办示范性软件职业技术学院的通知》，决定批准北京信息职业技术学院等35所高等学校为首批试办示范性软件职业技术学院。

2005年11月的全国职业教育工作会议上，首次提出了发展中国特色职业教育，并且第一次提出职业教育要满足人民终身学习的需要。

2010年颁布的《国家中长期教育改革与发展规划纲要(2010—2020年)》明确体现了现代职业教育体系的三个特征：与经济社会发展需求相适应、职业教育的体系性以及终身教育的开放性。

2014年是我国职业教育发展的重要节点。国务院《关于加快发展现代职业教育的决定》、教育部《现代职业教育体系建设规划(2014—2020年)》等一系列政策出台，强势助推职业教育发展。《关于加快发展现代职业教育的决定》提出，到2020年，形成适应发展需求，产教深度融合，中职高职衔接，职业教育与普通教育相互沟通，体现终身教育理念，具有中国特色、世界水平的现代职业教育体系，并且首次提到探索发展本科层次职业教育。

2016年3月，"十三五"规划纲要明确提出"推进职业教育产教融合"，并提出"推动具备条件的普通本科高校向应用型转变"。

2017年12月，国务院办公厅发布《深化产教融合的若干意见》（国办发〔2017〕95号），分解了相关重点任务。

2018年3月，教育部等六部门印发《职业学校校企合作促进办法》，明确七种校企合作方式和十五条促进措施。随后，《国务院关于推行终身职业技能培训制度的意见》（国发〔2018〕11号）就推行终身职业技能培训制度提出了意见。

2019年是我国职业教育大改革的一年：高职扩招，双高计划，中职国家奖学金设立，1+X证书制度试点，一批新职业、新专业发布，教育支持社会服务产业发展，大力开展职业技能行动，深化职业教育"双师型"教师队伍建设改革等。围绕一系列改革，国家及相关部门出台了一揽子政策措施以及法律法规。

其一，2019年1月24日发布的《国务院关于印发国家职业教育改革实施方案的通知》（国发〔2019〕4号）指出，职业教育与普通教育是两种不同类型的教育，具有同等重要地位，并且提出，经过5—10年，职业教育基本完成由以政府举办为主向政府统筹管理、社会多元办学的格局转变。该文件还提出，从2019年开始，在高等职业院校、应用型本科高校启动"学历证书+若干职业技能等级证书"（简称"1+X证书"）制度试点工作。到2022年，高等职业院校教学条件基本达标，一大批普通本科高等学校向应用型转变。以及建设50所高水平高等职业学校（简称"双高计划"）和150个骨干专业（群）。为落实该文件，各部门出台了一系列配套措施，具体包括：《教育部、财政部关于实施中国特色高水平高职学校和专业建设计划的意见》，教育部等四部门印发的《关于在院校实施"学历证书+若干职业技能等级证书"制度试点方案》，教育部、财政部研究制定的《中国特色高水平高职学校和专业建设计划项目遴选管理办法（试行）》，《教育部办公厅、财政部办公厅关于开展中国特色高水平高职学校和专业建设计划项目申报的通知》。此外，《教育部、财政部关于公布中国特色高水平高职学校和专业建设计划建设单位名单的通知》公布了入选高水平学校建设单位的56所学校以及入选高水平专业群建设单位的141所学校名单。

其二,《2019年国务院政府工作报告》提出,实施职业技能提升行动,改革完善高职院校考试招生办法,2019年大规模扩招100万人。随后,国务院办公厅印发《职业技能提升行动方案(2019—2021年)》,进一步部署落实职业技能提升行动。教育部等六部门印发《高职扩招专项工作实施方案》,教育部办公厅发布《关于做好2019年高职扩招专项考试招生工作的通知》,以落实2019年高职扩招专项工作。李克强总理于6月26日主持召开国务院常务会议,决定设立中等职业教育国家奖学金。随后,教育部、人力资源社会保障部、财政部制定了《中等职业教育国家奖学金评审暂行办法》以做好中等职业教育国家奖学金评审工作。

其三,2019年4月1日,人力资源社会保障部、国家市场监管总局、国家统计局正式向社会发布了人工智能工程技术人员、物联网工程技术人员、大数据工程技术人员、云计算工程技术人员、数字化管理师、建筑信息模型技术员、电子竞技运营师、电子竞技员、无人机驾驶员、农业经理人、物联网安装调试员、工业机器人系统操作员、工业机器人系统运维员等13个新职业信息。这也是自《中华人民共和国职业分类大典(2015年版)》颁布以来,发布的首批新职业。6月,教育部公布中等职业教育增补工业机器人应用技术、家庭农场生产经营、无人机操控与维修等46个新专业。10月,教育部公布了《普通高等学校高等职业教育(专科)专业目录》2019年增补专业,氢能技术应用、高铁综合维修技术、集成电路技术应用、人工智能技术服务、跨境电子商务、研学旅行管理与服务、葡萄酒营销与服务、冰雪设施运维与管理、陵园服务与管理等六大类9个专业增补进入高职专业目录,从2020年起执行。

其四,本科职业教育试点开始。2019年5月27日,教育部正式批准了全国首批15所职业本科试点高校,这是中国职业教育史上的重大突破。同年,还有6所高职院校获批成为第二批本科层次职业教育试点学校。

其五,2019年8月30日,教育部、国家发改委、财政部、人力资源社会保障部印发《深化新时代职业教育"双师型"教师队伍建设改革实施方案》(教师〔2019〕6号)。

其六，2019年9月5日，《教育部办公厅等七部门关于教育支持社会服务产业发展提高紧缺人才培养培训质量的意见》(教职成厅〔2019〕3号)提出，重点扩大技术技能人才培养规模，加快培养适应新业态、新模式需要的复合型创新人才，积极培养高层次管理和研发人才，鼓励院校广泛开展职业培训等13项任务措施。

其七，《职业教育法修订草案(征求意见稿)》向社会公开征求意见。

2020年，职业教育改革进一步推进。教育部印发《职业院校教材管理办法》，进一步规范和加强教材工作。国家发改委办公厅、人力资源社会保障部办公厅、工业和信息化部办公厅、全国总工会办公厅联合发布《关于应对新型冠状病毒感染肺炎疫情支持鼓励劳动者参与线上职业技能培训的通知》，通过线上职业技能培训提升劳动者职业技能水平，还能减少疫情期间人员聚集。6月，教育部批复6所高职院校更名为职业大学。至此，我国已有22所职业本科院校(21所民办+1所公办)。其他出台的配套政策还有《教育部办公厅等六部门关于做好2020年高职扩招专项工作的通知》、《教育部办公厅关于做好职业教育专业目录修(制)订工作的通知》、《职业教育提质培优行动计划(2020—2023年)》(教职成〔2020〕7号)、《中国特色高水平高职学校和专业建设计划绩效管理暂行办法》(教职成〔2020〕8号)。

2021年，职业教育改革进入深水区，教育部办公厅印发《本科层次职业教育专业设置管理办法(试行)》(教职成厅〔2021〕1号)。《中华人民共和国国民经济和社会发展第十四个五年规划和2035年远景目标纲要》提出，要增强职业技术教育的适应性。《教育部办公厅关于做好2021年中等职业学校招生工作的通知》(教职成厅函〔2021〕3号)明确，要坚持职普比例大体相当。4月7日，修订后的《民办教育促进法实施条例》，自9月1日起施行。其中，第七条明确规定，实施职业教育的公办学校可以吸引企业的资本、技术、管理等要素，举办或者参与举办实施职业教育的营利性民办学校。第九条提到，国家鼓励企业以独资、合资、合作等方式依法举办或者参与举办实施职业教育的民办学校。10月8日，教育部公布了《关于政协第十三届全国委员会第四次会议第0302号(教育类037号)提案答复的函》,对政协委员《关于加快解决技师学院纳入高等学校序列的提案》进行了答复,明确教育部将会同人力资源社会保障部,指导支持办学规范、质量较高的技师学院尽快达到标准要求,按照高等学校设置制度规定,将其纳入高等学校序列。中共中央办公厅、国务院办公厅印发的《关于推动现代职业教育高质量发展的意见》提出,到2025年,职业本科教育招生规模不小于高等职业教育招生规模的10%。《人力资源社会保障部关于职业院校毕业生参加事业单位公开招聘有关问题的通知》(人社部发(2021)82号)提出,切实维护、保障职业院校毕业生参加事业单位公开招聘的合法权益和平等竞争机会。

2022年是中国职业教育史上具有里程碑意义的一年,因为《职业教育法》于4月发布并于5月1日开始实施。

(三)总结

中华人民共和国成立后至改革开放前,我国的职业教育虽然采用封闭式的人才培养机制,但产教融合紧密,人才培养有平台、有载体,技术技能培养功底扎实。当前,我们在20世纪八九十年代办学模式回归的基础上进一步发展,深化产教融合,建立国务院领导下的分级管理、地方为主、政府统筹、社会参与的职业教育管理体制。在全国上下强势助推下,职业教育得到了前所未有的发展。

我国已建成世界上规模最大的职业教育体系,截至2022年5月31日,职业院校达到8815所,其中,职业本科院校32所,高职(专科)院校1489所,中职学校7294所(截至2021年底),在校生3000多万人,这几年每年的毕业生有近1000万人,就业率达到或超过90%。自2020年起,职业院校毕业生超过1.3亿名,各级政府累计培训各类从业人员2亿多人次。

随着我国发展进入新的阶段,产业升级、经济结构调整、企业数字化转型等不断加快,各行各业对高素质技术技能人才的需求越来越迫切,职业教育也需要进行转型和升级,才能更好地体现其重要地位,发挥其重要作用。因此,近年来,从中央到地方各部门通力合作,加大力度培育高素质技能人才,畅通职业教育发展之路。一是加大对职业教育的投入,努力办出高质量、有特色的职业教育,加强教育和产业的对话与合作,重新回归"产教融合、工学结合"的模式;二是改变公众对职业教育的刻板认识,重新定位职业教育,用"类型教育"而不是用"层次教育"思维来看待职业教育;三是开办本科及以上层次职业教育,畅通中职生的上升通道,既满足学生更高层次教育的需求,也满足高端先进产业、企业数字化转型等对职业技能人才的更高要求。四是落实职业教育终身制度,解决长期以来职业教育供给不足、层次偏低、缺少个性化和延伸性服务等问题,建立利民、利企、利国的终身职业技能培训体系。当前,产教融合机制和工学结合人才培养模式日益完善,"双师型"教师队伍培养培训体系也逐渐完善,一个具有中国特色、世界水平的职业教育发展格局已然成型。

不过,机遇与挑战总是并存的。当前,我国职业教育尚无法完全满足经济转型升级、产业结构调整、企业数字化转型等对技术技能人才的强烈需求,也无法适应人民巨大的就业发展要求;职业教育法律法规尚需完善,管理体制仍需理顺;职业院校基础能力仍显薄弱,且极不均衡;教师队伍实践能力亟待提高;产教融合机制细则有待真正落实;职业教育与普通教育之间,以及职业教育内部沟通衔接还不顺畅;人才培养质量的科学保障体系尚需优化;等等。只有这一系列的问题都科学合理地解决了,我国的职业教育才能更上一层楼,也才能在我国企业数字化转型之路上留下浓墨重彩的一笔。

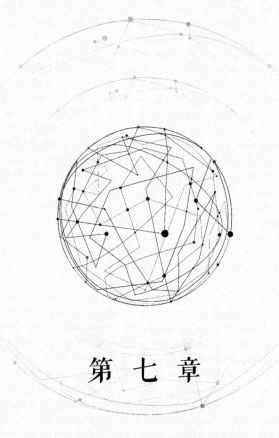

第 七 章

职业教育发展之挑战及机遇

随着我国社会经济发展对高素质技术技能人才的要求日益提高,职业教育的重要性日益凸显。进入21世纪后,尤其2019年有关职业教育一系列政策的出台,将职业教育摆到了前所未有的突出位置。职业教育被定位为类型教育,与普通教育具有同等重要地位。新修订的《职业教育法》(以下简称新职教法)于2022年5月1日正式实施,将"普职分流"改为"普职协调发展",中等职业教育的定位发生了改变,职业教育与普通教育之间以及不同层次职业教育之间可以相互融通。政府也将创造环境,让职业院校学生在升学、就业、职业发展等方面与同层次普通学校学生享有平等机会。我国目前已经有32所职业本科院校,为职业院校的学生提供了更多的学历上升通道,甚至包括职业研究生教育。职教高考、专升本都在如火如荼地发展着。普职融通、产教融合为职业教育指明了方向。新职教法下,职业教育不再受限于专科学历,可以提升到本科学历,将来甚至可以是研究生学历。新职教法为职业教育的类型特色、社会地位、办学模式等提供了法律依据,为职业教育的内涵建设打开了新的大门,职业教育的发展似乎是一片光明。事实上,政策和法律的实施并不能马上改变长久以来职业教育的"次等教育"地位,从实际情况看,与普通教育相比,职业教育依然面临着更多的发展困境和挑战,尤其是中职教育,并没有因为这几年政策的出台而有太大改变。

一、职业教育发展面临的挑战

（一）中职教育的地位略显尴尬

2021年3月，《教育部办公厅关于做好2021年中等职业学校招生工作的通知》明确指出，保持高中阶段教育职普比大体相当，推动普通高中和中等职业教育协调发展，科学制订普通高中和中等职业学校招生计划，并严格实施。虽然该通知明确的是普职协调发展，但由于措辞严格，一经发布便引起了广大家长的焦虑和恐慌。可见，虽然从中央到地方都特别重视职业教育的发展，出台了一系列促进政策，也有专门针对中职教育的利好政策，但中职教育仍难得到大家的认可。

1.中职学校数量和在校生人数连年下降

虽然国家这几年在中职教育方面不遗余力地出台各种促进政策，但数据显示，中职学校的数量和在校生人数呈下降趋势，尤其2021年出现了断崖式下滑。全国中职学校数量从2011年的13083所减少到2021年的7294所，减少了44.25%。全国中职学校在校生与普通高中在校生数之比也从2011年的89.84%降为2021年的50.36%，也就是说，中职学校在校生数由原来跟普高生相近减少到只有普高生的一半，更多的人选择了普通教育而非职业教育。其实，大部分学生是由于普职分流政策，成绩达不到普高录取要求，而被迫选择职高。

2.中职升学趋势上升，中考分流的必要性受到质疑

在中职学校和在校生不断减少的情况下，中职学生的升学比例却在持续上升，中职学校也为学生的升学创造了各种条件。当前，中职学校的普遍做法是，根据学生的特点，对一部分学生侧重技术技能培养，对另一部分学生开展为升学做准备的基础文化教育。中职的升学率越来越高了，以杭州为例，2008年以前，只有5%的中职生能上高职院校。到2020年，杭州全市中职毕业生（不含中专、技校）的升学比例已经约有74.8%了，很多主城区的职高升学率甚至超过了90%。再如，广东省教育厅发布的《2020年度广东省中等职业教育质量报告》显示，2020年，广东

省中职毕业生升学学生总数达 85615 人,占到毕业学生总数的 36.83%,比 2019 年(32.90%)提升了近 4 个百分点,比 2018 年(23.01%)提升了13.82 个百分点。南海一职 2021 年升学比例为 50% 左右,2022 年接近80%。根据北京大学中国教育财政科学研究所 2020 年全国中职毕业生抽样调查,近 1.7 万份样本中就业的比例仅为 35%,约 65% 的中职毕业生升入高等院校继续学业,其中约 10% 升入本科院校。[①]

当然,在产业升级、学历贬值、就业竞争激烈等的情况下,提升学历并没有错而且还是好事。关键是,中职学校数量和在校生人数的减少已经说明中职教育并没有那么受欢迎,如果中职最终还是趋向升学,那么还何苦进行中考分流呢?上普高同样能上高职啊。中考分流还导致学生和家长的焦虑,影响人们的身心健康。教育焦虑最终还会影响如今广受关注的生育率。

而且,现在被一再提及的职教高考,其实就是以前的分类考试。中国教育科学研究院的调查结果显示,通过分类考试考进高校的学生,学业上与普通高考的学生有差距,所以,不少高校不愿意招这类学生,可能会缩小这类学生的招生规模甚至停招。那么,虽然中职生的升学率高了,但选择面跟普高生相比其实有很大差距。因此,只要能上普高,大部分学生还是会选择普高。如此一来,中职教育的地位就显得有些尴尬了。

3.普职融通很难改变中职教育的生源质量

从生源来看,只有引导优秀的学生报考中职,才能改变人们对于中职教育的歧视,而要做到这一点困难重重。

普职协调发展和普职融通让学生有了更多的选择权,似乎消除了家长和学生关于读中职升学与上升空间受限的顾虑。2022 年 2 月 23 日,教育部进一步提出,要推动中职学校从"以就业为导向"向"就业与升学并重"转变。这样一来,既学到技术,又不耽误升学,如此就能吸引到更多学生,甚至优秀的学生也会选择读中职,而且确实只有优秀的学生才能

---

① 郑玮.广东"职教高考"探索:建设六大升学渠道　突破职教升学"天花板"[N].21 世纪经济报道,2022-06-08(3).

做到就业与升学并重。然而,优秀的学生会去报考中职吗?本书认为不太现实,优秀的学生肯定不甘于中职学历,社会的趋势也是学历提升。于是,优秀的学生就会继续读高职或职业本科,甚至职业研究生。这样一来,对优秀的学生来说,似乎读普高更有吸引力,毕竟普高升学的选择面更广,就算要学技术技能,也有应用型本科可选,中职显然限制了学生的选择面。

可见,普职融通很难改变中职的生源质量。生源质量低,中职教育就成了事实上的"低等教育"而非"类型教育"。

4.一体化培养模式尚需经过一系列的考验

多地中职院校出台中高职贯通制(五年一贯制)与中本一体化培养模式。从学历上来说,这能吸引一部分学生,但对职业教育的影响力尚需验证。

首先,更能吸引学生报考中职的是中本一体化,然而就目前来说,中本一体化的院校和专业都很有限。一方面,对于大部分初中毕业生来说,将来想要走什么路并不是很明确,选择这样的模式,未来的发展就很受限制了,所以,未必会吸引大量优秀的学生报考;另一方面,由于招生规模有限,能报考的学生数量也非常有限,影响面比较窄。因此,这一模式对职业教育影响力的提升作用非常有限。

其次,无论是五年一贯制还是中本一体化,要被社会认可还是要看培养质量,否则还是难以改变"职业教育意味着低人一等"的观念。然而,多年与行业企业脱钩的结果是,职业教育的人才培养质量堪忧,毕业生技术技能不足,与社会需求不相匹配,进入企业还得重新进行培训。这样的话,企业还不如招收普通本科生,至少普通本科生的理论水平和其他方面的素质还高一点,更何况,现在的本科生培养也非常重视实践能力。

最后,在五年一贯制、中本一体化的培养模式下,缺乏竞争,如果没有好的培养方案和措施,学生的职业技能就更令人担忧,就业质量不行,就不会起到好的示范效应。

（二）专升本比例显著的上升趋势对高职教育是一个极大的考验

近年来，高职专升本比例逐年提升。就笔者所在的二级学院，专升本的比例已经达到了 40% 以上，有的班级甚至达到了 70% 以上。本书的调查结果显示，浙江省专升本招生人数从 2013 年的 5037 人上升到了 2022 年的 30965 人，而报考人数则从 2013 年的 7125 人上升到了 2022 年的 71401 人，录取比例由 2013 年的 70.69% 下降到了 2022 年的 43.37%。根据麦可思研究院发布的《2022 年中国大学生就业报告》，应届高职毕业生升本比例持续提高，2019 届读本科比例为 7.6%，2020 届这个数字是 2019 届的 2 倍多，达到了 15.3%，2021 届又升至 19.3%。其中，教育与体育大类、财经商贸大类、电子信息大类毕业生升本比例较高，2021 届均超过20%。

2022 年对杭州下沙几所高职院校的调查显示，76.82% 的学生选择专升本是因为想在本科院校继续深造，63.58% 的学生认为专科生不好找工作，于是选择了专升本。当然为提升学历和增强竞争力而继续求学，这是无可厚非的，但高职教育本来是要为社会提供大量高素质的技术技能人才，补足产业升级和企业数字化转型的巨大人才缺口。如今显著上升的专升本比例，一方面是因为社会上政策的歧视、学历的贬值、就业的压力，有些学生仅仅将高职作为一个跳板，入学之前就已经计划好了通过专升本提升学历；另一方面也反映了高职教育的类型特色没有凸显，高职毕业生无法满足产业升级、企业数字化转型等对技术技能人才的要求，市场竞争力不足。可见，高职教育没有得到人才供需双方的认可。

（三）职业本科的发展受多方面因素的制约

1.职业本科的公众认可度有待提升

首先，职业教育本科院校全国目前只有 32 所，对中职和高职学生来说，职业本科的选择很有限，虽然当前很多高职院校在努力升本科，但要完全达到本科的办学条件还需要一个过程。

其次，人们的认知和社会观念的改变有一个过程。一方面，虽然国家出台了一系列的政策法规,但还是以宏观指导性文件为主,政策的落地和实施都需要一个过程。而职业教育歧视观念的改变取决于政策法规的实施效果,人们不可能仅仅因为政策法规的颁布就马上消除对职业教育的歧视。我国当前的职业教育以属地管理为主,自上而下发布的政策法规及其提出的改革,其真正落地实施需要各地政府发挥积极性,制定出强力且有实操性的具体措施,而这些都需要相对较长的时间。另一方面,观念的改变本身就需要一个过程。几十年形成的对职业教育的偏见并非一朝一夕能够改变的。普通高等教育属于精英教育、职业教育是低端教育的观念根深蒂固,不少人认为职业院校毕业的学生在薪资待遇、社会地位和晋升空间等方面相对要"低人一等"。而大多数用人单位确实也认为职业院校的学生学习差、素质低,从而更愿意招聘普通高等教育毕业生。2022年正好是第一届职业本科生毕业之际,因为学校名称中有"职业技术",很多学生在求职时都被怀疑是不是毕业于中专学校,甚至被歧视。有学生自己也认为,学校名称中有"职业""技术",就显得很不高级。浙江省教育厅于2021年6月5日全面暂停了职业院校和独立学院合并转设为职业技术大学的工作。同年,江苏省也暂停了独立学院与高职院校的合并转设工作。合并转设工作暂停的一个关键原因是,学生不能理解和接受以考上本科的分数上职业大学,实质还是对职业教育存在偏见。以上这些问题侧面反映了一些观念和秩序形成后,要改变就需要一个过程。加上"本科"二字只是形式的改变,而真正消除对职业教育的偏见有赖于职业教育的根本性改革和长足的发展。

最后,职业本科能否得到大家的认可关键还在于教育的质量和学生就业的质量,这取决于企业、行业、社会的参与度,而企业、行业、社会要真正深度参与职业教育,同样需要相关政策和制度的具体落实,这都需要时间。

2.职业本科将受到来自普通本科、应用型本科的竞争压力

首先,我国本科教育体系目前包括了普通本科教育、应用型本科教育和本科层次职业教育(职业本科)三类,分别对应培养研究型人才、应用型人才和职业型人才。而应用型人才和职业型人才该如何界定呢?

在人才培养定位中,本科层次职业教育和应用型本科教育其实是很难区分开的。很多学者还就此专门进行了区分,其实都有点牵强,真正运用到实践中,应用型人才和职业型人才如何区分呢?高职教育跟普通本科可能区别于理论知识,现在发展职业本科,理论知识也是必不可少的。而在普通本科教育中也有理论型学科和应用型学科,例如心理学分为基础心理学和应用心理学。因此,本科层次职业教育作为一种新的教育类型,如何与应用型本科和普通本科中的应用型学科进行竞争,并将自己凸显出来,得到考生的认同,是一个值得深思的问题。

其次,当前很多本科院校都在开展工程师行动,尤其是一些应用型本科,甚至一些985大学都注重理论与实际的结合,积极与企业合作,提升学生的创新实践能力。如从2009级本科生开始,浙江大学启动了卓越工程师的培养计划,与浙江火电、杭氧、维柴动力等知名企业进行合作,注重能力素质的拔尖性培养。这些学校知名度高,起步更早,积淀更深,企业认可度高,能吸引优秀的企业与其合作。如华为于2013年启动了校企合作,联合清华大学、北京大学等72所高校,共建"智能基座"产教融合协同育人基地,打通人才培养"最后一公里",将各种先进技术通过课堂传授给学生,让学生掌握最新技术发展趋势,同时开展多种课外实习实践活动,以提升学生的创新实践能力。可见,不但应用型本科院校、普通本科院校,就连著名的研究型大学都在培养应用型人才,而且企业和资本肯定更倾向于实力更强、有着多年办学历史、资源更好的普通教育。可见,职业本科的发展面临着极大的竞争压力,如果办不出特色,就很难有竞争力。

3.职业本科的自身建设受到诸多挑战

(1)人才培养质量问题

人才培养质量是职业本科能否得到认可的关键,人才培养质量取决于专业的建设、课程的设置及教学的质量。根据本书第六章的分析,目前职业本科都是在原有的本专科学校的基础上办学的,并不是完全新设的学校,所以通常受到原有办学模式的影响:专业设置上没有完全遵循市场化原则,专业建设相对滞后,没有跟上产业升级的步伐;课程建设中对实践教学的重视度不够，实践课时偏少或实践形式化，课程开发与实际脱节，教学不能与企业实操相融合，与企业运行规律不符；课程评价以考查学生的理论知识为主，不重视对学生的创新能力、职业能力和技术水平的考核，有的学校也不具备这方面的条件。尤其在联办模式下，普通本科院校仍然用普通教育的培养标准对教学质量进行监控，重理论，轻技能。而作为人才培养实施主体的高职院校，其人才培养过程相对独立，普通本科对其影响比较小。因此，普通本科院校和高职院校在培养人才方面存在的问题依然会反映在联办模式的本科层次职业教育中。总体来说，联办模式下的高职院校和本科院校之间的合作不够深入，沟通比较滞后，人才培养质量难以得到保证。

（2）"双师型"师资队伍建设问题

随着我国企业数字化转型的迅猛发展，智能化、数字化使我国对人才的需求结构发生了变化，高层次技术技能人才短缺正成为制约我国企业数字化转型以及经济社会发展的主要因素。职业本科院校承担着培养高层次技术技能人才的重任，无论是高职院校还是职业本科院校，"双师型"教师队伍都对职业教育办学质量起着关键的作用，学校也一直在努力提升"双师型"教师的数量和比重，但职业本科院校和高职院校存在同样的"双师型"师资短缺的问题。无论是"联办""试办""转办"还是"创办"，现有的职业本科院校都根植于原来的普通本科院校和高职院校，"双师型"师资短缺问题并不会因为变成职业本科院校就自动得到解决。虽然很多院校公布的数据显示，"双师型"师资的比例似乎比较高，但很多可能只是现有的教师考取了一个职业资格证就算是"双师型"师资了，实质上并不具备"双师型"的实践能力。而企业中的技术技能骨干，可能理论水平不高，学历学位上满足不了学校招聘的要求，无法成为专职的教师。还有理论和实践能力都很强的专业人士可能想在专业领域有一番作为，并不愿意成为职业院校的一名教师。因此，"双师型"师资队伍的建设在制约着职业本科的办学质量。

（3）校企深入合作问题

自职业院校诞生之日起，校企合作、产教融合就一直广受关注，最早由于企业与职业教育通常同为一个实体，两者紧密结合，因此，产教深度融合。自从职业院校与产业脱离后，产教融合往往达不到职业教育的要求，所以，校企合作就一再被提及。但由于学校和企业是两个不同的主体，其价值追求和利益驱动并不一致，校企合作在很多情况下成了一种形式，短期效应和临时效应明显。职业本科要为企业培养高层次应用型人才，尤其在企业数字化转型迫切的背景下，产教融合尤显重要，而且必须广泛长期深入地开展。新职教法已经为产教融合指明了方向，提供了方式，有些学校已经在产学合作方面取得了不俗的成果，但由于缺乏实施的具体措施和细节，现在很多产学合作的模式还在探讨中，大部分校企合作的深度还有待进一步提升。

　　另一个主要问题是企业参与校企合作的积极性不高。第一，作为社会重要经济组织的企业，往往更关注营利。而校企合作的见效周期长，短期内经济效益不明显，企业通常投入的人、财、物相对有限，校企合作的内生动力不足，因为长效机制还未健全，所以合作就不够深入。第二，学校和企业存在对接错位的现象。为高质量地培养学生的实践技能，学校希望企业能接纳学生到关键核心岗位上进行锻炼，但是学生作为职场新人，企业认为其缺乏实践经验，往往只愿意提供基础性的工作岗位。第三，合作中校企责任关系模糊，需求对接不够紧密，使得合作缺乏实效。现阶段，由于尚未建立健全针对企业的长效补偿机制，企业的利益更多来源于职业教育的教研成果，如果职业院校不能给企业带来这方面的利益，那么校企合作将会是松散的，这样的合作关系并不牢固。激励企业积极参与职业教育是全国上下正在努力的行动，但怎样更有实效，我们要积极研究并致力找出可行的政策和措施，只有形成政策和措施的合力，校企合作才能行稳致远。

　　通过以上的分析，本书认为，政策加持下的职业教育发展依然任重而道远。

二、职业教育挑战之成因

职业教育社会认可度低,面临诸多发展困境,除了跟社会因素有关,也跟职业教育本身密切相关。

(一)职业教育社会认可度低的直接原因:社会歧视

1.企业的择人标准

很多企业在招人的时候,为了减少招聘失误,都是先根据第一学历进行筛选,基本上按照985、211、一本、二本、三本、高职等这样的顺序进行选拔(由于2022年本科毕业生是职业本科院校的第一届毕业生,企业会将之置于什么序位,尚没有相关的数据统计)。目前来说,一旦进入职业院校,学生将来的就业机会就少了很多。很多企业的晋升通道也是有学历歧视的,很多企业,尤其是国企,还有一些大的民营企业,员工升职必须要有本科学历,甚至非全日制本科生在很多企业的上升通道也会受限。有些单位的相关规定中,两年制本科(专升本本科)也区别于四年制本科。高职生即使和本科生从事同样的工作,薪资起点也有区别。《2022年中国大学生就业报告》指出,2021届高职和本科毕业生的月平均收入分别为4505元、5833元,高职生比本科生少了1300多元。

企业数字化转型给很多低学历的人提供了"蓝领"转"白领"的机会,他们纷纷参加培训成为程序员,然而不可否认的是,想要获得职位晋升,还是需要高学历。

因此,考虑到企业的择人标准和升职的限制等,高质量的生源通常不会选择职业教育。

2.社会政策

根据各省份公布的人口数据,2021年,全国人口增量只有48万人,有些地区出现了负增长。一个地区的人口增量受到自然增长率和人口净增量这两个变量的影响,因此某个地区人口增量跟很多因素有关,比如人口出生率、全国劳动年龄人口、大学生就业方向、农民工就业选择等。户籍等相关政策也是影响人口流向的重要因素。

　　浙江省2021年人口增量为72万人，位居全国第一，这固然跟人文环境、生活成本、产业特色有关，但浙江的户籍制度也是很重要的加分项。除杭州市区的落户条件为本科以上学历外，浙江省其他地区全面放开专科以上学历毕业生的落户限制。

　　2021年，一线城市经历了"人口换血"，大量学历型人口流入，产业工人流出，总人口呈增速下降趋势。以深圳为例，根据2021年公布的第七次全国人口普查数据，2010—2020年，深圳常住人口增加了713.6万人，位居全国第一，平均每年增加70多万人，而2021年末，深圳常住人口数为1768.2万人，仅比2020年增加4.8万人。虽然总人口增量有限，但全市有各类专业技术人员216.6万人，比2020年增长9.4%，其中具有中级技术职称以上的专业技术人员61.7万人，增长7.1%。人口政策是一个影响因素。2021年5月，深圳先后发布《户籍迁入若干规定（征求意见稿）》和《居住社保积分入户办法（征求意见稿）》，拟将人才落户的最低学历要求由大专调整为全日制本科，居住社保积分入户基本年限由5年调整至10年，老人随迁的子女入深户时间由8年调整为15年等。这可能源于一线城市产业变化引起的对人才要求的变化，然而，带来的一个副作用是，为了将来的发展不受限制，职业教育就成了次优选择。

　　企业的择人标准、升职的限制、户籍政策的歧视等导致大家不断地提升学历，造成学历贬值，职业教育的生源就更受影响。虽然现在已经有了本科层次的职业院校可以选择，将来也可能会有研究生层次的职业院校，而且普职融通，学历上升空间不受限制，但是，一来职业本科目前规模小，可选择性有限，二来普职融通衔接机制尚不顺畅，中职或高职学生能选择的本科专业和学校都受限，现在尚没有资料显示职业本科毕业生读普通高校的研究生是否受限。因此，为了将来发展的自由性，高质量的生源自然还是选择普通教育为多。

（二）职业教育社会认可度低的根本原因：适应性差

　　来源于生态学的"适应性"一词，一般包括以改变自身为主的内部适应性和以改变外界环境为主的外部适应性。拓展到职业教育领域，适应性同样包括职业教育调整自身以适应环境以及改变环境以适应职业教育两个方面。也就是说，职业教育要适应不断变化的经济、社会发展环境，同时也要改变环境以顺应职业教育发展的规律。当前，我国经济正处于产业升级、企业数字化转型的关键时期，对技术技能人才提出了更高的要求，而职业教育的适应性不足导致人才供需双方无法对接。

1. 人才培养质量保障体系不完善

通常每个专业都会制定人才培养方案，以明确本专业的人才培养目标和人才培养标准。人才培养目标和人才培养标准是学校根据自身发展、社会需求而决定的。曾经我国的职业教育与企业之间紧密结合，每个行业都有自己兴办和管理的职业院校，每个职业院校也有紧密互动的行业企业，学校的教学与企业生产贯通，学生实习和分配工作的单位也主要是系统内的国企或管理部门。因此，人才培养目标和标准与产业发展完全一致。如今我国的职业教育体系完全市场化，为了解决"培养什么人"的问题，学校会进行企业调研并让企业参与到人才培养方案的制定过程，但比较常见的问题是：企业调研不扎实，甚至走形式，调研结论比较片面；受制于学校的条件及主观因素，企业有些好的建议不能充分体现到人才培养方案中，有些建议不能真正落到实处，产教融合还是浮于表面；相关的保障机制还不健全。这些将最终影响人才培养的质量及人才的适应性。

（1）领导工作不到位

人才培养的适应性发展跟学校领导工作密切相关，通常需要通盘考虑各个专业的实际情况并构建每个专业的培养模式，统筹资源，建设基础设施，制定人才培养质量的保障计划，科学培养和选拔专业领导，优化师资培养体系等。但有些学校的工作没做到位，各方面都比较薄弱；有些学校内部资源也是市场化分配，各专业很不均衡，基础设施建设、人才培养质量等完全取决于专业领导人的能力，导致人才培养质量不够标准化，人才的适应性参差不齐。

（2）师资培养体系不合理

自从20世纪90年代职业院校与行业企业脱钩，职业院校的师资大部分便不具备"双师型"素质,实践能力不足,而学校的师资培养又不合理,导致人才培养质量的关键——教师能力——存在严重的问题。现在职业院校数据呈现出来的"双师型"教师,很大一部分其实只是拥有一个教师证和一个行业资格证书,徒有其名,并没有真正的实践能力。

职业院校总体的师资能力提升有两种途径:第一种途径是从校外招聘(全职或兼职)既有实践能力又具备丰富理论知识,并愿意投身教育事业的专家,这样的人才相对稀缺,获取有难度,但如果学校能与行业企业深度融合,让专家成为学校的兼职教师,这是可行的。第二种途径是对学校实践能力不足的教师进行专业化培训。这是可以广泛开展的工作,但至今,"培训不是福利"的观念并没有被广泛接受,更没有被落到实处。对教师的培训并没有根据专业发展的需要进行系统计划和安排,大多由教师自己申请,由领导进行审批,呈现出非连续性、非均衡性、非统筹性、非合理性的特点,而且培训质量参差不齐。另外,培训资源只集中在少数教师身上的情况比比皆是。师资水平无法整体持续提升,那么,人才培养的整体质量和适应性就存在问题。

(3)产教融合不够深入

职业教育市场化后,一个关键痛点就是,在一些领域,职业教育发展与产业发展的实际需求脱节,职业院校毕业生的技术技能适应性不强,无法与岗位无缝对接,满足不了企业需求。由于学校师资整体实践能力不高,也不能为企业的转型升级做好技能培训和科技服务。所以,产教融合经常就只有企业在付出,这种纯粹一方付出的情况通常是无法持续的。产教融合必须在"资源共享、优势互补、平等互利、共同发展"的基础上,才能深入发展。产教脱离的结果是专业设置不合理,毕业生的适应性差,人才培养质量无法满足企业发展需求,从而导致职业教育的认可度低。

相反,有些职业院校因为与企业密切合作,培养出了社会迫切需要的技术技能人才,就受到了社会的认可。比如:北京电子科技职业学院紧跟产业发展,与90多家企业进行产教融合、校企合作,培养的人才与岗位无缝对接;深圳职业技术学院,平均每届学生到世界500强或行业龙头企业就业的比例达到16%,学生的平均起薪达到了6926元①,原因是该校与企业联合培养人才,每个专业群联合一家世界500强企业或行业领军企业共建一所特色产业学院,如华为ICT学院、比亚迪应用技术学院等。这些学校紧跟企业的人才需求,培养的学生一毕业就能跟岗位无缝对接,真正培养了应用型人才。但这样的职业院校并不多,有些职业院校只是有"职业"的名头而已,并没有跟企业密切合作,培养的学生要真正在岗位上发挥作用,还需要进一步培训。

另外,体现职业技能的资格证书没有含金量,现在推出的1+X证书由企业主导,本意是引导企业参与学生的培养过程,提高学生的实践能力,使之与企业的岗位无缝对接,但实际上很多推广1+X证书的培训机构只是为了赚钱,并没有培养学生真正的技能(技术),尤其是文科类的专业,所谓的"双证"只是个形式,资格证书无法反映学生的职业技能。

(4)评价机制不合理

人才培养质量保障体系应该通过人才培养全过程每个环节的设计、监控来确保人才培养标准和目标的落实,通过监控和评价机制来判断人才培养模式是否合适有效、教学设计是否合理、实践体系是否完整、教师教学质量是否满足要求等。然后,对于发现的问题进行反馈和有效解决,从而形成完整的闭环体系。设计、监控和评价,任何一环存在问题,人才培养质量就无法保障。设计是可以通过监控和评价来调整的,监控也可以通过评价来调整。评价既是终点又是起点,评价机制如果不合理的话,就会产生连锁的不良反应,不仅起不到良好的纠偏作用,还有可能会起反作用。

人才培养质量并不由学校说了算,最终是要通过社会的检验的。因此,评价主体通常包括学校、企业和学生:学校通常会从办学条件、课程体系、教学质量、学生就业等各个方面来评价自身的人才培养情况;学生的评价大多从教学内容、教学方法、课程适用性、就业质量等方面进行;企业的评价标准简单又复杂,即学生的能力是否能满足企业目前和未来

①王峰.专访北京电子科技职业学院党委书记张启鸿:开发区内办高职 深度探索产教城融合[N].21世纪经济报道,2022-06-10(7).

发展的要求。可见,科学合理的评价机制其实是比较复杂的,必须建立在对人才培养体系的合理性、有效性进行全方位追溯的基础之上,也要求反馈环节是健全与完善的,要去除混淆事实的主观因素。然而,有些学校的评价机制不够科学合理,以较为主观的学生满意度评价作为专业评价的最重要指标,同样以主观的学生评分作为教师评价的重要内容,这既不客观又不公平,最终起到反作用。

2.普职融通机制不顺畅

普职融通是教育改革的重要内容。2017年,教育部等四部门印发的《高中阶段教育普及攻坚计划(2017—2020年)》提出,要建立普通高中和中等职业学校合作机制。2022年施行的新职教法第十四条规定,职业教育与普通教育相互融通,国家要统筹推进职业教育与普通教育协调发展。第十七条还规定,国家建立健全各级各类学校教育与职业培训学分、资历以及其他学习成果的认证、积累和转换机制,推进职业教育国家学分银行建设,促进职业教育与普通教育的学习成果融通、互认。至此,普职融通有了法律依据和保障。然而,实际操作中,却存在机制不顺畅的情况。

(1)普职融通的社会接受度不对等

长久以来,职业教育等同于差生选择,因此,无论是社会、学生、学校还是家长,对职业教育的认可度都不高。社会认为只有成绩不好的学生才会接受职业教育,初中学校则一直把学生能否升入优质高中作为衡量教育质量的唯一标准,家长普遍认为只有接受"正规"的普通教育,孩子才会有更好的前途。在社会、学校和家长的影响下,尚未成年的学生也通常认为职业教育是无奈的选择。因此,对于普通教育初中学校来说,普职融通会带来生源减少、学校认可度降低的压力,故其对普职融通的接受度较低。而对于职业院校来说,普职融通会使其生源质量提高。因此,职业院校对普职融通的接受度相对较高。

(2)普职融通存在实践困难

有些学校开始探索普职融通的实践,比如职业院校为普通学校提供选修课程,学生到职业院校学习专业知识或进行实践操作训练。这种普职融通显然只停留在表面,普职融通绝不仅仅是课程的简单叠加,这样只会增加学生的学业负担,从而削弱学生学习的兴趣。因为对于学生而言,接受两种体系的课程,学习精力会被分散,学习压力加大,可能会导致其文化知识水平不及普通高中生,同时,专业技能水平又落后于传统职业教育学生,因此浮于表面的普职融通教育很难被学生、家长和学校所接受。真正的普职融通应该是职业教育和普通教育人才培养体系的互通融合,而这要建立在两种教育体系的真正融通以及高考制度的改革上。高考对人才的选拔主要看分数,达不到普通院校的分数线就只能上高职院校,职教高考也是凭分数,但跟普通高考的内容不一样,所以考入普通高校的机会少,考生大多只能进入高职院校。也就是说,两者的选拔标准不一样。除非进行招生制度改革,促进两种教育体系的融通,但招生制度改革本身就是一个系统工程。

3.措施落实不到位

虽然近年来党中央、国务院高度重视发展职业教育,出台了一系列促进职业教育发展的法律法规和政策措施,但工作的切实推进需要更具可操作性、强有力的落实措施。如,普职融通需要招生制度改革等相关措施来强力推进,也需要细致的学籍转换、课程设置、师资安排等的相关措施;再如,产教融合需要有关独立办学、合作办学、参与办学、参与培养等企业投身职业教育事业的更具体的机制和措施的出台。如果没有具体的权益保障机制,将会导致产教融合只有学校"一头热"的情况。若是纯粹付出,企业真正参与产教融合的积极性就不高。如此,产教融合就会流于形式,常见的人才培养方案行业专家论证会可能只是走一个过场,甚至有些订单班也是虚拟的,企业没有深度参与,更没有实质的技能培养。

总体来说,由于人才培养质量保障体系不健全,而产教融合、普职融通等相关措施又没落实到位,使得职业教育的适应性相对较差,人才培养质量不符合企业的要求,从而使职业教育颇受歧视。

(三)职业教育适应性差的催化剂:数字化

数字化已经发展出数字产业,并带来了传统产业的变革,所以,职业教育既要适应数字科技以及数字化引起的人才培养的变革,又要适应数字化对职业教育作为一个产业本身的冲击。双重压力下,职业教育的适应性有待提升。

1.职业院校的人才培养变革跟不上数字化发展的速度

数字科技的发展及其带来的产业革命催生了很多新的职业,也为传统的职业赋予了新的内涵,融入了数字化的内容,使得社会职业种类和结构发生了变化,各行各业都紧缺数字化人才。为适应这一变化,职业院校不得不进行扎实的市场调研,以准确了解产业前沿,清楚市场所需要的人才,从而调整专业设置,重新定位人才培养目标和标准,转变专业内涵,改变教学内容等。例如,每个地区的产业各有特色,对数字化人才的要求也各不相同,职业院校要根据当地的产业要求进行专业的设置和人才的培养,确保培养的人才知识结构、技术水平等满足市场的需要。而这一系列调整的真正落实必须建立在基础设施的重建或更新、师资能力的重构与水平的提升以及课程教材等软件的更新的基础之上。这是一个循序渐进的过程,但数字经济却飞速发展,当前,职业教育的变革速度还无法跟上数字化的步伐。

2.教师的数字化转型速度制约着职业教育的数字化转型

职业教育作为一个产业,本身也受到了数字化的冲击。人工智能、数字化手段不断被引入职业教育的教与学过程,对教师的教学方式和手段,甚至思维模式产生了诸多影响。一方面,教学方式要与伴随电子产品成长的学生的学习特性相吻合,同时数字化的教学方式也能提升教学的效率。另一方面,数字化人才的培养必须有数字化的教学方式和手段来支撑,人类社会已经进入了"机器换人"的时代,智能设备已经被广泛使用,传统的教学手段无法培养出与社会接轨的数字化人才。只有具有数字化能力和数字化素养的"双师型"教师才能承担起职业教育的数字化适应性教学任务,其中,数字化能力是指具备完成教学活动的数字化基本技术技能,数字化素养是在技术技能之上的数字化观念和责任等。

当前,具有数字化能力和数字化素养的"双师型"教师稀缺,在传统教育模式下成长起来的一代教师,数字化教学能力相对欠缺,对数字化的接受能力和接受速度制约着其自身的数字化转型，也制约着教学的数字化转型。

3.数字经济的快速发展给职业教育带来持续适应性压力

数字科技时代，技术快速迭代，数字产业不断发展，所有产业持续升级换代，给职业教育带来了保持持续适应性的压力，要求职业教育提前预测产业升级新趋势，适度超前制定专业调整战略，及时淘汰与产业发展不相符的专业，布局新专业，优化专业结构，确保人才培养与产业发展相适应，适时根据产业发展优化专业设置将是一种常态。

另外，随着数字科技的快速发展，人们开始追求高层次自我价值的实现，这充分体现出终身学习的必要性和紧迫性。因此，职业教育除了满足学生在校内固定时间的学习需求外，还必须要满足学习者在任意时间、任意地点，以任意方式、任意步调终身学习的需求，突破地域和时间的限制，体现出数字化教育的泛在化、灵活化和终身化等特点。为此，通过大数据、人工智能和互联网等先进教育技术手段实现的在线教育是基础，持续更新教育资源满足不断变化的需求是关键。

职业教育的持续适应性压力时刻存在。

三、数字化背景下职业教育发展之机遇

职业教育的发展困境由来已久，如今，数字科技给职业教育增加了更多挑战，但也提供了解困之策，带来了发展机遇。

（一）数字化将提升职业教育的认同度

1.数智制造将改变职业教育"低端化"的观念

据工信部数据，以盾构机制造企业为代表的中国高端制造领域快速发展。2012—2021年，我国制造业增加值由17.0万亿元增长到了31.4万亿元，制造业增加值占全球的比重从22.5%提高到近30%。在全球500种主要工业产品中，我国产品占四成以上，产量位居世界第一。我国制造业企业500强的营业收入从2012年的21.7万亿元提高到2021年的

40.2万亿元,2021年,我国有58家制造业企业进入世界500强榜单,2012年这一数据是31家,增加了27家。

多年来,我国供给侧结构性改革深入推进,高铁、工程机械、5G、新能源汽车、光伏等制造业竞争力显著增强,一大批高端品牌走向海外,多个重点产业进入世界前列。我国技术密集型的机电产品出口额由2012年的7.4万亿元增加到2021年的12.8万亿元,高新技术产品出口额由3.8万亿元增长到6.3万亿元。

然而,与快速增长相伴的往往是各种挑战。从国际形势看,环境复杂而且多变,新冠疫情暴发,贸易保护主义抬头,双边和多边贸易增长乏力。从国内形势看,模仿型排浪式消费已经接近尾声,个性化、多元化消费悄然兴起,柔性化生产和技术创新的客观需求倒逼制造业企业进行转型升级,尤其是数字化转型。

制造业的高端化叠加数字化转型,对劳动力的素质要求越来越高,导致市场上高端技术技能人才稀缺,给职业教育带来了极好的发展机遇。而且,高素质技术技能人才工作体面,不但不受歧视,待遇还好,加上各级政府在不断提高技术技能人才的社会地位,因此,致力于培养出高端制造业数字化人才的职业教育将消除其培养"低端化"人才、流水线工人的社会偏见。

2.数字化工作的吸引力将改变职业教育就业的偏见

从2022年热议的人口增长话题来说,成都、杭州和青岛这三个城市的人口增长引人注目,分别增长了24.5万人、23.9万人和15.1万人。除了这三个城市的生活环境让人向往之外,产业发展也是很重要的一个因素。成都的电子信息产业是第一支柱产业,成都引进了联想、英特尔、戴尔、富士康和京东方等全球著名的IT企业,互联网产业发展也一直引领西南。2021年,成都五大先进制造业增长11.2%,其中,装备制造产业增长8.0%,而电子信息产业增长达20.4%。杭州的电子信息业一直很发达。杭州市统计局数据显示,2021年,全市数字经济核心产业的增加值同比增长11.5%,达4905亿元,占GDP的27.1%,较2020年提高0.5个百分点。人口增长逆势提速的青岛,制造业发展活跃,尤其是先进制造业发展势头强劲。2021年公布的《青岛市"十四五"制造业高质量发展规划》提出,青岛要加速建设制造强市,打造"世界工业互联网之都"。青岛智能家电和轨道交通装备产业集群于2021年成功入选国家先进制造业集群。据青岛统计公报,该市2021年"新经济"投资占全部投资比重达50.4%,比上年增长7.1%。规模以上工业中,高技术制造业增加值比上年增长17.1%。规模以上软件和信息技术服务业的营业收入比上年增长22.2%,达291.7亿元。

这三个城市的核心产业都是数字经济或先进制造产业,也就是数字经济和先进制造产业吸引人口流入,反映出这些产业创造了更多就业机会,而且对求职者有很大的吸引力。惠普企业(Hewlett Packard Enterprise)阿鲁巴(Aruba)的一项全球研究也显示,在数字化工作场所工作的员工不仅工作效率更高,而且更有积极性,工作满意度更高,整体幸福感更强。该项研究涵盖了来自15个国家的7000名员工,结果表明,数字革命者[①]比起数字落后者[②],更相信自己能平衡好工作与生活,有工作动力的可能性高出56%,赞扬公司的可能性也高出83%,72%的数字革命者认为自己有更强的能力接受新的工作技能,而数字落后者只有58%。

职业教育正勇立数字化潮头,为培养数字化人才努力奋进,以期既能填补各行各业数字化人才的缺口,又能提升企业对职校毕业生的欢迎度,改变职校毕业生就业受歧视的现状,消除职业教育就业低质量的偏见。

(二)农村劳动力转移的数字化培训为职业教育扩展了空间

林毅夫提出,中国制造业从劳动密集型到资本密集型,再到技术密集型的转变过程中,附加值在逐步提高,不断从低附加值向高附加值攀升,在此过程中所产生的劳动力转移带来了实质性的人口红利。[③]因此,

---

① 数字革命者:被认定为在全新的技术广泛使用的全功能数字化工作场所工作的员工。

② 数字落后者:那些工作场所技术的获取较少的人。

③ 夏宾.林毅夫"解题"中国经济三问:航空母舰在风浪中仍能平稳前行[DB/OL].中国新闻网.https://www.chinanews.com.cn/gn/2021/03-09/9428601.shtml.

如果把农村剩余劳动力转移到制造业,劳动生产率就会相应提高,相同的劳动力创造出的价值会增加,也就是说,只要重新配置劳动力就会产生红利,此为人口红利相当重要的一个来源。可见,只要存在劳动力转移和产业的不断升级,我国的人口红利就会持续下去。要持续获得人口红利,一个可行的方案是通过职业教育让农村剩余劳动力转移到制造业。依据发达国家的经验,农业劳动力一般占总劳动力比重低于5％,而中国农村现存劳动力占总劳动力比重大约为30％,这表明我国农村劳动力向制造业转移的空间还很大。

为此,大力发展职业教育,通过提高农村劳动力职业技能水平将之转移到企业,进而支撑产业转型升级,就迫在眉睫。为了推动职业教育发展,《国家职业教育改革实施方案》于2019年颁布实施,随后各种政策文件密集出台。2021年4月,在全国职业教育大会上,习近平、李克强等党和国家领导人也对职业教育发展做出重要指示,为中国职业教育发展举旗定向。制造业数字化转型、农村劳动力转移加上国家促进职业教育发展的助推政策,让职业教育迎来了新的发展机遇期。

随着数字时代的到来,国内仅软件外包行业,每年的人才缺口高达几十万人,公司普遍需要IT人才。其中大量的岗位需要的是基础的应用型人员,并不需要底层开发能力。随着Ruby、Go等新型计算机语言和开发框架的升级,数学、英语的零基础人员也可以学IT。据统计,95后新生代农民工中,80.5%的人拥有中专或高中学历,这让他们具备学习的基础能力和素质。同时,开源技术、数据库代码积累使得农民工成为应用型IT人才变得容易。①人力资源和社会保障部发布的《2020年北京市外来新生代农民工监测报告》显示,2020年,北京农民工中新生代占比达50.1%,其中,从事信息传输、软件和信息技术服务业的新生代农民工占比大幅提高。

但就算是基础的数字化应用型人才,不经过专门的培训,自学成才也是很有难度的。根据农民工的素质高低,短则要培训几个月,长则需要2—3年的培训,才能在市场上谋求到一份理想的工作。这就为职业教

---

①王峰.小镇青年零基础成为码农:IT培训的职业逆袭[N].21世纪经济报道,2022-04-08(6).

育提供了很好的发展机遇和施展空间。因为职业培训解决了市场供需两方的需求:一来,新生代农民工可以借此提高收入,完成身份的转换。国家统计局发布的数据显示,2021年,全国城镇非私营单位中,信息传输、软件和信息技术服务业以201506元的年平均工资高居榜首,而且增速最快,比2020年增长13.5%。这也是其自2016年以来连续六年蝉联平均工资之首。而且在很多年轻人看来,程序员是白领工作,跟工厂工人、饭店厨师是不一样的,那是一种身份的转换,认同度会高很多。所以新生代农民工愿意付出时间、精力、金钱接受培训,也就是人力供给方有培训需求。二来,我国正处于企业数字化转型阶段,对数字化应用型人才有大量需求,人力需求方也希望有现成培训好的人才可以直接使用。因此,各地纷纷推出数字化人才的培养计划。如,2021年2月,郑州市推出大数据人才培养"码农计划",计划用三年左右时间储备10万名有专业技术水平和实践操作经验的人才。再如,2022年9月7日,山东港口和华为技术有限公司共同签署了共建数字化人才培养的深化合作协议,双方将充分利用各自服务功能和资源配置等优势,组织实施数字化转型专题培训,共同建立复合型人才联合培养机制,面向未来,为山东港口储备数字化转型和港口智能化相关数字人才。

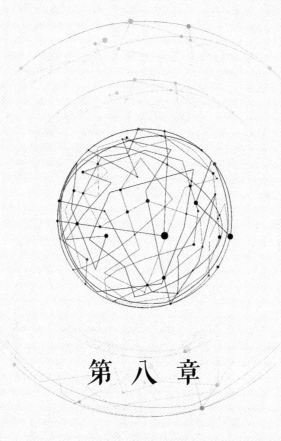

第八章

职业教育与企业数字化转型的融合共生性

现代企业的持续发展建立在产品不断升级换代的基础之上，源于人才和劳动者素质的不断提高。一个企业，如果没有一支技术技能过硬的高素质员工队伍，数字化转型必将失败，企业在激烈的市场竞争中将站不稳脚跟，企业的发展更不可持续。德国企业取得成功的秘密武器是职业教育，我国也注意到了这个武器。《国家职业教育改革实施方案》明确要求，要"大幅提升新时代职业教育现代化水平，为促进经济社会发展和提高国家竞争力提供优质人才资源支撑"。《中国教育现代化2035》也提出，要"加快发展现代职业教育，不断优化职业教育结构与布局。推动职业教育与产业发展有机衔接、深度融合，集中力量建成一批中国特色高水平职业院校和专业"。当前，我国正逐步加大对职业技术教育的投入，许多企业也越来越重视对职业院校毕业生的招聘，纷纷和职业院校合作成立订单班，共同培养符合企业需要的人才，并将他们放到重要的岗位上。用人机制的转变定将从根本上促进企业的转型和持续发展，企业的持续发展又会不断地向职业教育提出新的要求，企业必然与职业教育共生发展。数字化转型作为当今企业发展的重要课题，与职业教育之间的融合共生性具体体现在哪里？职业教育如何发挥对企业数字化转型的推力？职业教育与企业数字化转型又将怎样共生于企业数字化转型的浪潮中？

一、职业教育与企业数字化转型融合共生的理论基础

企业数字化转型是当今经济发展的重要内容，针对职业教育与经济发展之间的关系，前人进行了一系列研究，为推动职业教育与企业数字化转型的融合发展提供了初步经验，也为职业教育生态体系与企业数字化转型的融合共生研究奠定了良好的理论基础。

为进一步研究职业教育生态体系与企业数字化转型的共生性，促进职业教育与企业数字化转型的共同发展，提升企业竞争力，增强我国的经济实力，本书借鉴源于生物学的共生理论，对职业教育生态体系与企业数字化转型进行研究，也为洞悉当前职业教育发展和企业数字化转型的现实困境、厘清职业教育生态体系和企业数字化转型融合发展的内生条件及推进策略提供新的理论视角。

（一）职业教育与经济发展之间的关系

关于职业教育与经济发展之间的关系，长期以来，国内外专家学者从各个层面、角度进行了研究。

西奥多·舒尔茨于20世纪60年代提出了教育经济学的基本理论之一——人力资本理论，认为教育能够提高劳动者的具有经济价值的知识和技能水平，从而提高劳动者的劳动生产率并促进经济的增长。基于此，大量的研究都从职业教育对经济发展的贡献角度出发，并得出了职业教育对经济发展促进作用的一系列结论，如：职业教育需求与经济发展水平之间存在着积极的关系（Hurd and Johnson，1968）；职业教育可以促进地区经济发展（Tilak，1988）；职业教育对国外多国经济发展起着重要作用，包括德国和日本（Psacharopoulos，1997）、尼日利亚（Ohimrei and Nwosu，2013）、马来西亚（Mustapha and Greenan，2002）；职业教育对中国的经济发挥着正向的促进作用（傅志明和许晓燕，2005；李涛和林勇，2007；郑宇梅和周旺东，2011；王奕俊和赵晋，2017）。

对不同类型职业教育与经济发展之间关系的研究也有丰富的成果，结论大多表明中等职业教育与经济增长具有正相关关系（王建华等，

2008；杨一，2008；李长惠，2008；米红和陈钱敏，2009；李汝，2009；郭新华和于骁玥，2010；王兆刚，2010；周宏等，2012；苏荟和孙毅，2016；王燕等，2017）。相对来说，高职教育与经济增长的关系更密切（杭永宝，2007；许玲，2013），高职教育投入及就业规模与工业发展存在显著双向因果关系（钟无涯，2015），高职教育的发展与经济发展间存在长期稳定关系（李礼等，2021；宋慧涛，2021），高职教育对地区经济发挥着重要作用（王军，2021）。

但也有研究进行了其他方面的探索，得出了不同的结论。如，职业教育只有在充分考虑市场内在需求变化的情况下才能够实现促进经济发展（Foster，1992）。相对而言，职业教育质量比规模更能影响我国经济增长（王伟和孙芳城，2017）。在有些地区，中职教育对当地经济增长的影响相对较弱（王海燕和沈有禄，2012；赵晓爽，2018）。范志莹（2021）认为，有些地区高职教育对经济的贡献度较低，很可能是结构性问题，而不是总量问题。高职教育与经济社会发展的耦合协调关系和我国高职教育的创新发展、专业建设有紧密关系（潘海生和翁幸，2021）。

综上，职业教育与经济发展通常相互促进，共同发展，但两者之间关系的紧密程度，会受到某些因素的影响。

（二）共生理论

共生概念起源于生物学，由德国真菌学奠基人德巴里（Anton De Bary）于1879年首次提出。共生是普遍存在的一种生物现象，指共生单元之间在一定的共生环境中按照某种模式形成的关系。共生理论则是关于不同物种有机体之间的自然联系理论，由美国生物学家马古利斯（Margulis）等人在盖娅假说的基础上提出，认为：生命并不像新达尔文主义所假定的那样消极被动地去"适应"物理化学环境，相反，生命主动地形成和改造它们的环境；生命有机体与新的生物群体融合共生是地球上所发生的进化过程中最重要的创新来源。当代，透过生物共生现象，人们认识到共生是人类之间、自然之间以及人与自然之间形成的一种相互依存、和谐、统一的命运关系。自20世纪中期以来，共生理论作为一种理论范式被发展应用到哲学、管理学、社会学等社会科学领域。

一般认为共生理论包括四个核心要素:共生单元、共生模式、共生界面和共生环境。其中,共生单元是物质基础,共生模式是内部条件,共生环境是外部条件,共生界面是媒介、通道或载体。

1.共生单元

共生单元是指构成共生体或共生关系的基本能量生产和交换单位,是形成共生体(或共生关系)的基本物质条件。对于不同的共生体(或共生关系)来说,共生单元的性质和特征是不同的。在不同层次的共生分析中,共生单元的性质和特征也是不同的。

共生单元之间通过共生能量产生相互作用。共生能量是指共生单元在共生过程中产生的新能量,用来描述共生系统的稳定性和效果。新增的共生能量主要用于共生单元数量的增加和效率的提升。共生单元投入共生体(或共生关系)的资源特性决定了共生单元间的能量分配,投入的资源越是难以模仿,其不可替代性越强,则该共生单元在共生体(或共生关系)中就越有主导权。

2.共生模式

共生模式是指共生单元相互作用的方式或相互结合的形式,它既反映共生单元之间相互作用的方式,也反映相互作用的强度。任何完整的共生关系都是作用方式和共生程度的具体结合,因此,共生模式反映了共生单元某种程度共生的具体结合。

(1)共生利益模式

从共生单元之间利益分配的角度分析,共生单元之间的共生模式分为三类:寄生、偏利共生和互惠共生。从共生模式的效率来看,寄生模式本身不会产生新的能量,并且整个共生过程中能量呈单向流动,也就是一方无偿为另一方提供能量。偏利共生模式能够产生新能量,不过,新能量只为某一共生单元所得,偏利共生模式对一方没有影响而对另一方有利。互惠共生模式产生新能量,新能量来源于共生单元之间的分工与协作,产生的新能量在共生单元之间合理分配,共生单元间存在双向的利益交流机制。

（2）共生组织模式

共生组织模式反映了共生单元间相互结合的组织化程度，按照组织化程度，共生模式可以分为点共生、间歇共生、连续共生以及一体化共生等。不同的共生组织模式具有不同的特征，不过，不同模式可以互相转化。

点共生的特点是某个特定时刻共生单元之间出现一次相互作用，共生单元只在某一方面发生相互作用。点共生的共生单元之间的联系存在着不确定性、偶然性和随机性，共生过程呈现出不稳定性和短期性的特征。

间歇共生是指共生单元之间按照某种时间间隔进行多次相互作用，共生单元仅在某个方面或少数方面发生相互作用。与点共生相比，间歇共生的共生单元之间的联系克服了随机性的特征，不过，仍然具有不确定性和不稳定性。共生单元间的联系不具有连续性，并没有反映出共生单元之间联系的必然性。

连续共生是指在一个封闭的时间区间内，共生单元间连续相互作用，共生单元在多个方面发生作用。与点共生和间歇共生不同，连续共生反映的是共生单元之间稳定的、连续的和长期的联系。共生单元在这种关系中获得利益的同时又能保持各自的独立性。连续共生关系下，共生单元会推动共生组织不断进化，形成共生单元之间多样化的合作。

一体化共生是在一个封闭的时间区间内，共生单元之间产生连续的、全方位的相互作用。一体化共生是连续共生的一种极端形式，也就是时间间隔连续缩短的特例化。一体化共生关系稳定且存在内在必然性，但一体化共生可能会导致组织的利益联系被官僚科层组织所取代，从而造成管理成本的上升和组织效率的低下。

3.共生界面

共生界面是共生单元之间接触方式和接触机制的总和，它是共生单元之间进行各种资源传导、交换的载体和平台，是共生关系形成和发展的基础，是决定共生系统效率和稳定性的核心要素。共生界面具有以下基本功能：信息传输功能、物质交流功能、能量传导功能、分工与合作的中介功能。

4.共生环境

共生环境主要指共生单元之外影响共生体发展的外部环境,是共生单元生存和发展的生态环境,包括自然环境和社会环境,也包括共生单元之外的同种属群体。从宏观层面讲,共生环境是整个共生系统所处的环境;从微观层面讲,共生环境指每个具体的共生单元所处的环境。共生环境对共生单元乃至共生系统会产生不同的导向作用,可能是正向激励,或者是中性作用,也可能出现逆向约束。正向环境对共生关系的优化演变非常有利,而逆向环境则会明显制约共生关系的演化升级。

二、职业教育生态体系与企业数字化转型的共生机制

共生理论超越了"物竞天择,适者生存,优胜劣汰"的丛林法则,强调优势互补、合作共存、资源共享、互惠互利的系统演化原则,从而最终达到持续共赢共生的状态。对于职业教育生态体系和企业数字化转型而言,共生理论体现在:职业教育生态体系和企业数字化转型存在不同种属各自的利益,前面的分析结果和现实的演进反映出其基于各自的利害关系协同发展、互利共赢,这是分工到融合共生的进化结果,存在着共生理论强调的多元交互性。鉴于此,本书认为职业教育生态体系和企业数字化转型是共生单元在一定的共生环境中按照某种共生模式通过共生界面产生的一种协同发展、不断优化的共生系统。

(一)共生单元的交互机制

前面指出,共生单元是指构成共生体或共生关系的基本能量生产和交换单位,是形成共生体(或共生关系)的基本物质条件。由此引申,职业教育体系与企业数字化转型作为共生系统中的两大共生单元,是共生关系得以维系的物质条件,职业教育生态系统与企业数字化转型之间的交互适应是共生单元共生行为的具体表现。

教育本身就是为经济发展服务,为社会和企业提供人力资本的,反

过来,经济发展、企业转型又会对教育提出新的要求,促进教育的不断改革与创新,以增强人才培养的适应性。教育与经济之间天然具有相辅相成的关系,而以就业为导向的职业教育,与经济、社会、企业发展之间的关系就更为密切,大量前人的研究也证实了这一点。那么,数字经济时代,为更好地服务企业转型升级,职业教育必须根据经济发展的需求与人才需求,培养出如今紧缺的数字化人才,实现与企业数字化转型的融合发展,而成功的企业数字化转型又会反哺职业教育,并对职业教育产生正向的激励。由此,以人才为能量传导中介,不断地进行能量交换,相互适应,融合发展,正是职业教育体系与企业数字化转型两大共生单元的交互机制。

(二)共生模式的优选机制

根据前面的分析,职业教育生态体系与企业数字化转型的共生模式是指两者之间相互作用(或结合)的方式,反映了两者融合中共生单元相互作用的强度与质量。如前文所述:基于组织程度,共生模式分为点共生、间歇共生和连续共生三种模式;基于行为方式,共生模式可分为寄生、偏利和互惠三种共生模式。

从当前情况来看,职业教育与经济发展基本不存在寄生,但点共生、间歇共生和偏利共生则大量存在。长期以来,我国职业教育满足了经济发展的需要,推动了经济的发展,为经济发展做出了重要贡献,发挥了重要作用。而经济的发展却没有很好地适应职业教育的需要,没有自觉承担起对职业教育的责任,即没有很好地发挥"经济职业教育力",对职业教育的投入不足(祁占勇和王志远,2020)。连续共生和互惠共生模式也比较常见,如:华为、比亚迪等行业领军企业积极与深圳职业技术学院共建特色产业学院、ICT学院、应用技术学院等,深入开展产教整合、校企合作,深圳职业技术学院平均每届学生到行业龙头企业或世界500强企业就业的比例达到16%;北京电子科技职业学院则于2015年整体迁入北京经济技术开发区,确立了"依托开发区办高职,依托产业办专业"的发展道路,精准对接开发区的产业体系,与开发区机器人和智能制造产业、新能源汽车和智能网联汽车产业、新一代信息技术产业、生物技术和大健康产业、高端服务业、科技文化融合产业、数字经济产业等共生发展。

推动职业教育生态体系与企业数字化转型融合发展的理想模式是连续互惠共生模式。该模式通过双向的利益交流机制,促进职业教育生态体系与企业数字化转型协同发展,优势互补,不断产生新能量,并进行合理分配,从而产生"1+1＞2"的系统效应。因此,该模式是最有效且最稳定的,是职业教育生态体系与企业数字化转型共生发展的效率最佳模式。现实情况也显示,共生系统会优先选择连续互惠共生模式。

(三)共生界面的要素调配机制

共生界面的特征值是影响共生能量的关键变量,共生界面对共生能量由低频次交换向高频次交换演化起着至关重要的作用。在职业教育生态体系与企业数字化转型融合发展过程中,原有的共生模式必须优化调整,要在共生单元之间构建起完善的要素调配机制,方能确保职业教育生态体系与企业数字化转型融合发展过程中生成的能量能够高效及时地传导给共生系统。由市场调节、政府干预、社会组织协调等机制构成的共生界面能显著影响职业教育生态体系与企业数字化转型的融合效率和稳定性。其中,市场调节机制是指市场通过自身的运行机制如供求机制、竞争机制等对要素的配置发挥调控作用;政府干预是指为推动职业教育生态体系与企业数字化转型融合发展,综合运用政策、法规、计划指导和必要的行政措施对要素的配置发挥有效的调控作用;社会组织协调是指在职业教育生态体系与企业数字化转型融合过程中,龙头企业、职业院校、职业培训机构等各共生单元组成的协会组织为实现要素的高效配置,协调各共生单元主动嵌入融合,形成相互适应、相互依存的关系。因此,共生界面直接影响着职业教育生态体系与企业数字化转型融合发展的共生能量的产生和提升。推动职业教育生态体系与企业数字化转型融合发展的关键在于共生机制的完善和共生界面基本功能的有效发挥。

（四）共生环境的优化机制

优越的共生环境具有较强的正激励性，是职业教育生态体系与企业数字化转型共生系统良性运转、持续产生良好共生效应的重要外部条件，能够促使共生单元与共生环境之间形成动态均衡关系，推动职业教育生态体系与企业数字化转型共生系统有序演化到更高层级，使得职业教育生态体系与企业数字化转型共生系统内外部结合成一个有机体。职业教育生态体系与企业数字化转型的共生环境主要包括影响两者生存发展的市场环境、政府政策、社会制度和社会意识等。共生环境越理想，对职业教育生态体系与企业数字化转型共生系统内部各共生单元的正向激励越明显，职业教育生态体系与企业数字化转型的融合度及融合效率也越高。

三、职业教育与企业数字化转型融合共生的实际呈现

据国家统计局数据，2022 年上半年，我国城镇调查失业率均值为 5.7%。数据显示，我国 16—24 岁的青年失业率持续上升，2022 年 6 月达到了 19.3%，说明年轻人就业形势严峻。与此同时，人力资源和社会保障部统计数据却表明，2022 年上半年，市场机构和公共就业服务机构的求人倍率均在 1 以上。其中，第二季度 100 个城市公共就业服务机构的求人倍率达 1.37。求人倍率是指劳动力市场在一个统计周期内有效需求人数与有效求职人数之比，若求人倍率大于 1，表明职位供过于求。可见，我国 2022 年上半年市场岗位需求数大于求职人数。

一方面，我国年轻人就业形势严峻，稳就业任务依然艰巨；另一方面，市场上却出现职位供过于求的矛盾现象。人力资源和社会保障部发布的《2022 年第一季度全国招聘大于求职"最缺工"的 100 个职业排行》显示，最紧缺的是两类职业，第一类是生活服务业，这类职业工资比较低，而且比较辛苦，如保洁员、保安、餐厅服务员等，已经呈现出老龄化就业的趋势。第二类是制造业，制造业长期存在缺工现象。缺工原因之一是

年轻人越来越不喜欢制造业岗位。原因之二是劳动力市场难以满足制造业转型升级对专业技术人才增加的需求,这主要是由职业教育不足所造成的。

其实,无论是生活服务业还是制造业,人工智能、数字化的应用必将是未来的发展趋势,而且,各行各业为了解决当前面临的用工短缺问题,为了持续生存和发展,也不得不进行数字化转型,所以说,数字化转型是当前很多企业面临的迫切课题。但数字化转型本身也需要数字化人才。职业教育作为技术技能人才的重要提供者,必将与企业数字化转型协同推进,融合发展。而且,数字化是一个持续发展的过程。所以,职业教育体系与企业数字化转型存在着连续互惠的共生关系。

(一)企业数字化转型对共生系统的能量贡献

1.增强职业教育的适应性,提升职业教育的认可度

《中共中央关于制定国民经济和社会发展第十四个五年规划和2035年远景目标的建议》提出了"加大人力资本投入,增强职业技术教育适应性"的要求。习近平总书记强调,在全面建设社会主义现代化国家新征程中,要"增强职业教育适应性,加快构建现代职业教育体系,培养更多高素质技术技能人才、能工巧匠、大国工匠"[1]。追本溯源,职业教育适应性是指为了适应新一轮科技和产业革命的趋势,职业教育必须凸显其人才培养供给侧对经济社会发展需求侧的适应能力。

与企业数字化转型的融合是增强职业教育适应性、坚定职业教育类型定位、消除民众偏见、提升自身价值的本质要求,也是职业教育推动产业发展、实现产教融合的动力源泉。职业教育与企业数字化转型相结合,将有效提升民众对职业教育的认可度,促进职业教育持续健康发展。

2.为职业教育的发展指明方向

职业教育是为社会经济发展提供人才服务的,因此,与产业的融合是应然之意,只有与产业深度融合,才能准确预测产业转型升级带来的人才供需失衡,从而不断地调整自身的人才培养定位,以更好地承担社

---

[1]卫志民,刘仕宇.增强职业教育适应性 加快构建职业教育体系[N].人民日报,2021-10-12(9).

会责任,实现自身价值。企业数字化转型正是当前我国经济转型升级的重要内容,职业教育在为企业数字化转型提供人才保障的同时,企业数字化转型也为职业教育的发展指明了方向,两者具有利益共生的关系。

（1）企业数字化转型提供了职业教育专业结构的调整方向

企业数字化转型对四类人才的需求促使各职业院校调整专业结构,增设与企业数字化转型相关的专业,各职业院校也开始注重培养既懂技术又懂业务的复合型人才,服务于企业的数字化转型。

（2）企业数字化转型引领职业教育人才培养模式改革

企业数字化转型触发企业对价值链定位重新进行思考,迈向价值链中高端,促使制造业进入先进高端智造业,从而对教育特别是职业教育的课程体系和人才培养模式提出了新的数字化的要求。职业教育要跟上数字化经济的发展,必须立足"中国制造2025""数字化+"等平台,培养大量企业数字化转型所需要的高素质、高技能的人才。

（3）企业数字化转型意味着职业教育的终身性

数字化是信息化到智能化的过程,而这个过程是一个持续推进、不断进化的过程。因此,企业的数字化转型也是一个持续发展的过程,这就决定了劳动力的素质必须不断地提升,才能跟得上数字经济的步伐,从而持续为企业数字化转型提供新能量,促进职业教育体系与企业数字化转型共生系统的良性发展。由此,企业数字化转型决定了职业教育的终身性。

3.促使职业教育机构的数字化转型

企业数字化转型带来了产业数字化甚至整个经济的数字化,自然也对教育行业,尤其是与经济社会发展密切相关的职业教育产生重要影响,以数字技术和数据要素为核心的数字经济将渗透到职业教育发展的各个层面,同时,要培养企业数字化转型所需要的人才,职业教育机构自身必须进行数字化转型。

首先,职业教育机构的数字化转型有利于确定人才培养目标。职业教育需要适应社会发展,对接产业需求,强调以就业为导向、以技能为本位,这就需要职业教育能够迅速了解并及时响应人才需求、产业需求、社会需求、经济需求。借助于数字化工具,教育机构能够对外界的信息进行及时有效的收集、筛选,而且无论是资金成本还是时间成本都要比传统的方式要低得多。因此,教育机构数字化转型有利于其结合自身的特点确定数字化人才的培养目标。

其次,职业教育机构的数字化转型有利于数字化人才培养方案的实施。要培养出企业数字化转型所需要的人才,必须有与之相匹配的数字化人才培养方案,且该人才培养方案必须建立在数字化基础之上,并在方案的实施过程中,每个环节都要与数字化知识、技术、技能及其实操相融合。也就是说,数字化人才培养方案的实施离不开职业教育机构自身数字化的软硬件技术支撑。这需要改变传统的人才培养模式、教育方法和手段、师资力量等,进行数字化转型。

最后,职业教育需要适应数字化潮流,企业数字化转型正好提供了一个契机,为职业教育的数字化转型提供催化的能量。一方面,在需求端,由企业数字化转型带来的以数字化人才为主要构成的劳动力市场,对职业教育的人才培养方案提出了新的要求,产生了新的需求。另一方面,在供给端,以物联网、工业互联网、5G网络、区块链、人工智能、大数据、云计算等数字技术为主要构成的技术服务系统,为职业教育数字化转型提供了人才培养方案的实施条件,产生了新的能量传导。

总之,企业数字化转型对职业教育提出了数字化发展和数字化人才培养的新要求,并为职业教育人才培养方案提供了实施的场景和条件,既对职业教育提出了能量输出要求,又为职业教育输入了新的能量,赋能职业教育,促使职业教育适应性发展。

(二)职业教育对共生系统的能量贡献

诺贝尔经济学奖获得者贝克尔曾说,如果说科技是现代经济腾飞的发动机,人才就是这个发动机得以运转的燃料。职业教育要成为数字经济发展的发动机燃料来源,就必须主动融入数字经济发展,持续不断地为企业数字化转型这一划时代的经济课题提供足够的能量,与企业数字化转型共生发展。

1.职业教育为企业数字化转型提供了大量高素质技能人才

数据显示,我国每年培养1000万名左右的高素质技术技能人才,社区培训覆盖范围达几亿人次。在现代制造业、战略性新兴产业和现代服务业等领域,一线新增从业人员70%以上为职业院校的毕业生。职业院校的毕业生相较于普通高等院校毕业生,理论上可能相对不足,但动手能力和操作能力强,同时,现在学生都成长于数字化时代,对数字化的接受能力强,能够有效地将数字化科技成果与应用场景相结合,劳动者的数字化技能水平明显提升,成为企业数字化转型的重要能量来源。

2.校企合作的共生机制为企业数字化转型提供了人才之外的能量

与普通高等院校相比,职业院校和企业、行业、地方政府联系密切,更了解企业的需求、行业的技术痛点。因此,职业院校通常会结合自身的特色,充分发挥自己的技术技能优势,主动融入企业,寻找行业的技术技能需求点,为企业提供解决方案并带领学生参与实施,既发挥了自己的科技优势,又整合了人才、技术、先进管理模式等创新要素,为企业数字化转型提供多方面的能量,服务地方区域经济。

(三)职业教育与企业数字化转型的能量交互

从前面的分析不难看出,职业教育与企业数字化转型相互之间利益共生,存在双向能量交互,具体表现如下。

1.产业与专业交互

职业教育专业结构与区域经济转型发展之间的吻合度以及职业教育的专业设置与企业数字化转型的对接情况,直接关系着职业教育与企业数字化转型的能量互动,从而影响职业教育与企业数字化转型的融合共生关系,因此,职业教育要与当地产业进行深层次的良性互动,积极调整专业设置,与企业数字化转型同步健康发展。例如,北京电子科技职业学院深入分析所在开发区产业发展现状、趋势,调研人才需求状况,实时诊断专业与人才需求的对应变化关系,形成根据产业发展趋势设置和动态调整专业的机制,根据数字经济发展态势,新增智能网联汽车技术、无人机应用技术、工业机器人技术、大数据技术等数字化相关专业,调整淘汰焊接技术等与所在地开发区产业发展方向不符的专业，优化专业布局，深度融入当地的产业发展。再如，深圳职业技术学院研究出台了《专业转型升级行动方案》，以专业群建设为抓手，以数字化转型为重点，旨在推动以区块链、大数据、人工智能等为代表的新技术及相关知识进专业、进课程、进教材、进课堂，以培养输出一大批爱岗敬业、适应数字经济时代需要的高素质复合型技术技能人才，为深圳产业的高质量发展提供有力支撑。

2. 人才培养与市场需求交互

市场经济之下，职业教育技术技能人才培养必须满足劳动力市场需求。融合共生系统下，职业教育培养的人才规格必须和企业数字化转型所需要的技术技能人才保持一致。

在人才培养与市场需求的互动中，企业正发挥主导作用，深化企校融合，在用人需求、岗位要求、教材建设、实训基地建设、顶岗实习、课程标准、订单培养等方面发挥主动性，与职业院校建立良性合作与互动关系，积极推动技术技能人才的培养，以满足企业数字化转型的劳动力市场需求。比如，百度在2020年推出了两个"500万"计划，其中一个就是未来五年预计培养500万名AI人才；再比如，阿里于2021年推出了技术普惠人才培养计划，面向广泛县域中职学生，帮助他们进行职业规划，培养他们的兴趣和技术能力，以期为欠发达地区培养20万名以上的数字化人才，让他们有机会成为新型专精尖人才。职业院校也不断地深入调研，敏锐把握市场，精确定位企业数字化转型的人才培养目标，加强校企合作，加强市场需求与人才培养互动，在加快企业数字化转型的基础上，加速自身的发展，例如前面举例的北京电子科技职业学院和深圳职业技术学院等。由此，职业教育与企业数字化转型达成了人才培养和市场需求层次上的能量交互。

3. 知识与技术交互

近几年，职业院校的课程一直在进行调整，以主动增强与企业数字化转型相关工作岗位的匹配性。学校以一线技术专家为主体，对岗位需求进行充分的调研分析与预测，建设以工作过程为导向的课程内容，将专业课程标准建立在企业数字化转型需求的基础之上,以保证教学内容和专业岗位技术需求的一致。用人单位或企业也主动配合职业院校的课程开发,为其提供数字化转型岗位发展的相关信息,积极参与教材的开发,为职业教育提供更好的知识与技术交互平台。

四、职业教育与企业数字化转型融合发展的现实困境

基于前面的分析,职业教育与企业数字化转型之间的关系应该是相互促进、相辅相成、利益高度相关的,职业教育对企业数字化转型有着积极的贡献,但其本身的发展也离不开企业数字化发展的支持。作为一种高成本、高投入、高产出的类型教育,职业教育对于企业数字化转型的推力共生于企业数字化转型的拉力。然而,基于共生视角去考虑职业教育体系与企业数字化转型,两者之间的共生关系还没有达到理想的状态,尚没有完全处于连续互惠的共生关系中。

(一)共生单元:能量生产不足

为了适应外部环境的变化,职业教育体系与企业数字化转型形成了一个特殊的利益共生体,职业教育与企业数字化转型在相互嵌入的过程中产生协同效应,产生新的能量,促进彼此共同发展,因此,共生发展的关键是共生单元之间合理分工所产生的共生能量。尽管目前我国职业教育与企业数字化转型相互促进、互惠互利,产生的共生能量也能交互良好、分配合理,但两者的融合还处于初级阶段,相互依存、共生发展的结构体系尚未形成,两者间合理分工所产生的共生能量不足,职业教育体系与企业数字化转型这一共生体适应外部环境变化的能力仍显不足。

一方面,部分职业院校在专业设置、人才培养、课程建设、"三教"改革、实践基地、产教融合、社会服务等方面没有主动融入企业数字化转型全过程,致使职业教育各要素动态调整滞后,供给效率低下。部分职业院校片面追求排名、升"双高"、"升本"等而忽略企业数字化转型需求侧的新诉求、新要求。职业教育内部治理能力、资源供给能力的内生需求

与企业数字化转型对职业教育的外生需求之间呈现出结构性矛盾。

企业数字化转型需要大量的高端技能人才,职业教育正是提供技能型人才的一大渠道。然而,我国的职业教育体系在高端技能人才培养方面投入不足。2020年,我国11364所的职业院校中,中职学校共有9896所,而高职(专科)院校只有1468所。很明显,高端技能层次人才的培养数量占比较低。

另外,企业数字化转型正在全国范围内大力推进,高职院校在数字学科的设置方面由于师资力量的不足,明显落后于社会的发展需求。将数字学科与业务学科结合,进行复合型人才的培养对高职院校来说,就更是心有余而力不足了。而企业大多处于数字化转型期间,自身缺乏领先的数字化技术和标准化的体系,而且也还在探讨数字化如何更好地融入业务,需要外界的帮助。可见,当今职业教育的发展还没能跟上数字化的步伐,正在限制着企业的数字化转型。

另一方面,企业数字化转型的人才需求没有得到部分职业院校响应的情况会反作用于该职业院校,导致企业数字化转型所带来的产业现状、人才需求和创新技术等无法进一步传导到职业院校,致使人才培养方案、"三教"改革、课程资源等无法得到优化,阻碍职业教育与企业数字化转型间要素的跨界配置、融合递进。

因此,随着企业数字化转型的全面推进,职业教育人才培养与企业数字化转型需求的匹配矛盾将显著影响新能量的产生,导致共生弱化。

(二)共生界面:能量传导不畅

职业教育和企业数字化转型的共生体涉及三大领域:教育领域、职业领域、产业领域。要素配置结构和要素的流动性是影响共生能量传导的关键。当前,职业教育存在教育内容与企业数字化转型要求不匹配的现实问题,表现为职业教育内部诸要素,包括办学方向、育人理念、专业结构、课程建设、技能要求、教学过程等,与企业数字化转型的整合度不足。要素结构的不对称将直接或间接影响共生结构的变化,阻碍要素的流动,导致能量传导不畅。

数字化经济背景下,职业教育固化的教育模式已经难以满足企业数字化转型的价值诉求,要素的契合度不佳及要素的流动性障碍使得职业教育与企业数字化转型的融合发展存在困难,主要表现为以下几点。

1.结构对接错位

当前,职业教育与企业数字化转型的融合发展中还存在着结构错位问题,职业教育区域布局与产业布局衔接错乱,导致资源配置结构失衡、专业结构不适配等;没有理顺职业教育与企业数字化转型的对接机制,导致职业教育难以跟上企业数字化转型的步伐。

目前,我国职业教育采用的主要是属地管理的模式。由于教育资源的不均衡,欠发达地区的学生进入职业教育体系的比例相对较高,这种情况与当地的产业发展情况并不匹配,虽然培养的学生可以输送到经济较为发达的地区,但因为与企业生产一线存在相当的距离,职业教育的效率相对较低。而经济发展较为发达的地区,更热衷于投入"高大上"的普通高等教育,相对来说,对职业教育的投入不够,不适配当地经济产业的发展,职业院校的容量与当地庞大的用工需求数量很不匹配。例如,珠三角地区和长三角地区的企业用工量在全国领先,然而,这些地区的职业院校的数量和容量并没有显著领先于其他地区。

2.职业院校的办学理念跟不上企业数字化转型的步伐

目前,职业教育在办学理念上局限于自身的"教育场域",没有形成主动服务企业数字化转型的创新思维,工具主义观念仍占主导地位。当前,有些职业院校社会服务意识欠缺,没有树立起服务社会的办学理念,不能充分认识到自身的社会服务职能。还有些职业院校虽然清楚地认识到自身的社会服务职能,但这种认识只存在于理念上和形式上,职业院校在实践层面上却未能将社会服务职能落到实处,出现了认知与行动的明显脱节。另外,很多高职院校为了升本科、争排名,对教师的考核重在科研。教师为了评定职称、晋升职级和职位、提高待遇福利等,将工作的重心放在科研而非教育教学和社会服务上。这种导向偏差带来论文发表、专著出版和成果报奖热,学校对教师科研成果的评价又局限于科研项目层次、科研经费数量、科技成果及论文水平,并未将社会服务成效纳入考核指标，因此，成果转化和应用就被搁置一边，致使科研成果与产业发展需求脱节严重、成果转化率低的现象非常普遍。

3.教学与实践未能真正对接

由于产教融合和校企合作不够深入，在职业教育教学实践中，课程教学内容和过程并未能与企业数字化转型实现精准对接，职业理念、技术技能与企业岗位需求也没有真正融合共通。

（三）共生模式：能量分配失衡

共生模式决定了职业教育与企业数字化转型融合的深度、广度和合作形式，也影响到职业教育与企业数字化转型融合共生能量的生成和分配。由于对职业教育的偏见以及相关制度的不完善等现实问题，职业教育与企业数字化转型融合共生层次较低，共生组织多为点共生和间歇共生，共生行为方式以偏利模式为主，仅有少部分职业教育机构与部分企业存在着连续共生模式。但总体上看，职业教育与数字化转型企业之间的利益联结相对松散，合作方式也比较单一，尚未形成全局性的连续互惠共生模式。

当前，我国职业教育与数字化转型企业之间的利益联结机制更多体现在订单式人才培养、企业专家指导人才培养方案、学生实习、企业专家讲座、企业专家授课、企业员工培训等方面，但不是所有方面在所有专业都长期实施，存在着非全局性和间歇性的特点，学校教育教学和企业实践互嵌式深度融合的模式相对较少。利益的偏向方面，一种是偏利学校，比如专家指导、专家讲座、专家授课等，很多是以教师自己的私人关系聘请企业专家。一方面，很多专家是出于企业责任（或个人磨不开面）而偶尔（或者一学期定期几次）帮一下忙，存在点共生和间歇共生性；另一方面，大部分专家是以企业的名义（或私人的关系）承担社会责任，更多的是付出，而不能从中获得利益，存在利益的偏向性。另一种则是偏利企业，职业教育每年给企业输送大量人才，而企业参与人才培养的情况占比太少。而且，虽然订单式人才培养解决了学校的就业问题，但没有从总体上提升学生的技术技能水平，只有进入订单班的学生得到了企业专家的指导和培训,从某种意义上来说,只是将企业的岗前培训提前到了学校学习阶段,偏利于企业。何况还有企业采用虚拟班的形式,并没有提供实质的培训,只是提前锁定了优秀的人才,除了就业,没有在技术技能上给学校任何帮助。另外,由于职业教育的社会认可度不高,很多学生选择继续深造,企业的付出有可能得不到实际的回报,这也导致企业与职业教育合作的积极性受到影响。

(四)共生环境:逆向约束

良好的外部环境和氛围是职业教育与企业数字化转型融合共生系统高效运行的重要保障。然而,职业教育与企业数字化转型融合发展的软硬件环境都存在明显短板,外部逆向约束力的存在极大地限制了职业教育与企业数字化转型的持续融合发展。

1.基础设施建设滞后

目前在大部分地区,职业教育的综合性信息化服务平台、社会实践场所(实践平台)等基础设施建设不足,不利于资源要素在职业教育与企业之间的快速有效流动,妨碍了职业教育与企业数字化转型的融合发展。

众所周知,职业教育的重要特点之一便是高成本。与普通教育相比,职业教育通常需要大量设施设备、实训场地等,而且需要经常更新,因此,职业教育的发展必定要依赖于持续的经费投入机制。世界银行的研究表明,职业院校生均经费为同级普通教育的2.53倍,实验实习设备设施的成本更高。联合国教科文组织相关机构测算,职业教育办学成本应该是普通教育办学成本的2.64倍。[1]然而,从2020年全国教育经费执行情况来看:中等职业教育经费总投入为2872亿元,只占全国高中阶段教育经费总投入(8428亿元)的34.1%;全国普通高中生均教育经费为23489元,而中等职业学校只有22568元。2020年,全国高等教育经费总投入为13999亿元,其中,普通高职高专教育经费总投入为2758亿元,只

---

[1]祁占勇,王志远.经济发展与职业教育的耦合关系及其协同路径[J].教育研究,2020(3).

占19.7%①。2020年,我国高职高专院校占全部高校的比例为53.62%,高职高专在校生人数占全部高校在校生人数的比例为44.43%,都远超19.7%。可见,虽然近年来国家对教育的投入持续增长(2020年的增长率达到了5.65%),对职业教育的投入也逐步增加,但总体来看,对职业教育的经费投入还远远没有达到办学的基本要求。

2.政策制度不够完善

尽管从中央到地方,从法律到部门规章,各级政府都已经颁布了促进职业教育发展的各项措施,也出台了促进职业教育与数字经济协同发展的相关制度,但由于涉及面广,任务艰巨,有针对性的配套政策和具体实施细则还有待制定颁布,职业教育与企业数字化转型的融合停留于表面,政策效应没有得到有效发挥。另外,在现实情况中,我国现行法律法规对高校服务性质、范围、形式等,没有明确规定,也导致很多高职院校社会服务意识欠缺,服务社会的意识和实践能力不足。政策制度的不完善导致职业教育与企业数字化转型的融合效果未能在全国范围内体现。

3.政府部门协调联动机制缺失

要从整体上提升职业教育体系与企业数字化转型的融合度,必须在全国范围内进行多部门协调配合,从宏观上进行调节,而非由某个企业和某个学校进行微观实践。然而,职业教育与企业数字化转型的融合涉及的领域广,教育部门、财政部门、产业部门等要跨部门、跨地区、跨层级协调管理,难度比较大,这就需要政府部门协调联动机制来保障,然而相关机制目前还比较缺乏。部门联动机制缺失,就无法保障资源要素在共生单元之间自由流动。

4.社会偏见的存在

社会对职业教育的认知偏见使得职业教育作为类型教育的特征未能凸显,无论是职业教育体系内部还是企业,都对职业教育在数字化转型中的价值存在判断上的偏差,职业教育与企业数字化转型的融合发展受到了社会环境的制约。

总之,共生体的融合发展依赖于共生单元要素间的相互合作、相互

---

① 根据中华人民共和国网站(http://www.moe.gov.cn)各年"全国教育经费执行情况统计快报"整理得出。

协调。在一定的共生环境下,根据共生能量的产生、传导与分配情况,不断地调整共生机制,可以促使共生系统良性运转,不断优化。职业教育体系与企业数字化转型的共生环境中,政府的影响力很大,因此,职业教育机构、企业和政府三者的行为直接决定了职业教育体系与企业数字化转型的融合发展效果。职业教育机构、企业和政府三者相互依存,相互影响,职业教育机构需要政府的政策制度和财政支持,依赖于企业的用人需求;企业需要职业教育机构为其提供数字化转型所需的人才和技术;政府需要依靠校企合作、产教融合,提升区域经济综合实力等。因此,职业教育体系与企业数字化转型的共生系统能否不断融合优化,完全取决于职业教育机构和企业这两个共生要素在共生环境中能否良性互动,相互合作,以及职业教育服务区域经济发展的能力、效果。然而,职业教育机构与企业间的沟通和交流机制还不健全,致使能量产生不足,传导不畅且分配不均。而政府作为该共生体的协调者和管理者,并没有发挥好其统筹协调、财政支持、政策保驾、监督评价等作用,尚未建立完善的联动协调机制,造成了外部环境的逆向约束,从而使得职业教育体系与企业数字化转型这一共生系统面临着融合发展的一系列困境。

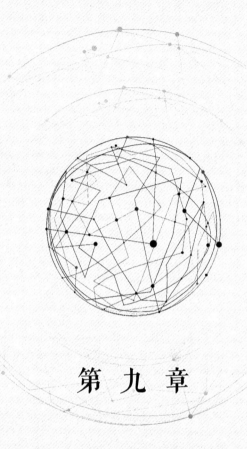

第 九 章

共生视角下职业教育生态体系构建

伴随着企业数字化转型带来的产业结构和就业岗位的深度调整,职业教育与企业数字化转型融合发展的应然价值释放更加紧迫,构建科学完善的职业教育生态体系,以增加共生能量的供给,促进共生能量的顺利传导,成为当今的必然要义。

目前,我国已经构建了较为完整的职业院校体系和职业教育培训体系。职业院校体系包括初等职业教育、中等职业教育、高等职业教育,其中,初等职业教育占比较少,以中等职业教育和高等职业教育为主,而高等职业教育由原来的高职延伸到了职业本科。出于各种各样的原因,职业教育在社会上的认可度一直不高。在国家大力发展职业教育的背景下,我国现有的职业教育体系有必要优化定位,转变办学思路,在与企业数字化转型共生发展的过程中提供更多的能量,展现自身的价值,以消除人们对职业教育的歧视,同时促进自身的发展。

一、优化职业教育办学体系定位

(一)中职教育:自由选择的数字化应用型人才培养

职业教育作为与普通教育类型不同的教育,一直受到社会的歧视,而作为职业教育中层次较低的中职教育,更是不怎么受待见。企业转型升级对于高层次人才的需求也使得学历提升成为人们的必然选择。于是,中职教育近年来一直在萎缩,近十多年来,无论是学校数还是在校生数,都从2011年与普通高中相近变为2021年的只有普通高中将近一半。中职教育要改变当前的颓势,就必须正视社会现实,迎合趋势的变化。

1.通过自由选择能力的培养,增强中职教育的吸引力

所谓自由选择不是让学生不附带任何条件地从就业班级和升学班级中自由选择,而是既有升学能力又具备扎实的就业技能,学生真正地自由选择自己的未来之路。

（1）自由选择的作用

高等教育大众化使得学生接受高等教育的机会大大增加,因此,学生会倾向于优先选择普通高中,中职学校必须能提供优质的基础教育,才能与普通高中抢夺生源。如果中职学校能让学生拥有自由选择的能力,则中职教育就会大受欢迎。当然,要培养出学生自由选择的能力,对中职教育来说,难度比较大,需要各方面的大力投入与通力合作。

（2）自由选择的前提

第一,发挥中职教育的基础性教育作用。中职教育能让学生拥有真正自由选择能力的前提之一是发挥中职教育基础性教育作用。中职教育的基础性教育作用是企业数字化转型潮流下的必然要求,企业数字化转型带来的技术技能高端化要求中职教育必须以基础知识为依托,而不是简单地教会学生如何操作。与此同时,学生的升学能力是建立在优质的基础教育基础之上的,必须重视基础理论知识和基础技能的教学,改革单纯注重技能训练的教学模式,注重培养学生的思维能力和解决问题的能力,从而为升学打下良好的基础。

第二,畅通中职学生升学通道。中职教育能让学生拥有真正自由选择能力的前提之二是畅通的升学通道。长期以来,我国中职教育认可度低的一个重要原因是中职学生的升学通道受到限制,普通本科院校招收中职学生有人数和专业的限制,高职院校、职业本科院校招收中职学生有专业限制和人数比例限制。这些限制实实在在地削弱了学生的自由选择能力。畅通中职学生进入高职院校、职业本科院校和普通本科院校的升学通道,给予学生的自由选择能力,是增强中职教育吸引力的重要举措。畅通升学通道的关键措施是打通选拔制度,取消各类院校对中职学生的限制招收政策。

2.通过数字化应用型人才的培养,提升社会的认可度

能为社会做出贡献的人都是人力资源,关键是如何更好地挖掘人力资源的潜力,而这正是教育的责任,但资源也分类型和层次,与之相适应,教育也须分层、分类。每个人的能力特长是不一样的,我们须因材施教,中职教育是应用型教育,对应的是应用型人才的培养。

企业在数字化转型过程中,会产生一批新的岗位,所需要的人才层次各不相同,对人才的核心技术要求也存在较大差异,只要中职教育的质量能够保证,中职学生完全可以满足某些岗位的素质要求。

中职教育大力培养数字化应用型人才,一方面,可以改变企业数字化转型过程中技术应用型员工短缺的现状;另一方面,数字化应用型人才的工作环境和待遇等的改善也能提升中职教育的吸引力,解决中职教育招生难的问题,改变中职教育萎缩的趋势。

以前的应用型人才通常等同于流水线上的工人,是"蓝领",比起坐办公室的"白领"感觉低了一个档次。如今,企业在大范围地数字化转型,大部分工人都将成为坐在办公室里操作机器的"白领",身份的转换会带来心理认同,中职教育在培养数字化应用型人才的过程中也会发展壮大。

(二)高职教育:高素质数字化技术人才培养

我国高等教育已经进入大众化阶段,即将进入普及化阶段,绝大部分人都可以接受高等教育。承担这一重任的正是高职教育,因为普通本科院校,特别是重点本科院校,基本还是精英教育。2020年,我国高职(专科)院校已达1468所,占全国高校数的53.62%,占据了高等教育院校的一半以上;在校生人数1459.5万人,占全国高校在校生人数的44.43%。

高等教育普及化带来的是大学生就业压力越来越大,企业的数字化转型可以提供缓解的通道,高职教育培养的高素质技术人才正好弥补企业数字化转型的数字化技术技能人才缺口。也就是说,高职教育的人才培养如果定位于高素质数字化技术人才,则高职教育既能承担好高等教育普及化的历史重任,又能为企业培养紧缺的数字化人才。

高职教育作为高等教育，既是类型教育又是专科层次教育。高职教育虽然是一种类型教育，但也有高等教育的特性，因此，高职院校是培养高素质人才的地方；高职教育作为专科层次教育，以培养技术技能人才为主。因此，在数字化渗透到各行各业的当下，将高职教育定位为高素质数字化人才培养是非常符合经济发展需求的。

(三)职业本科：高层次数字化人才、复合型人才和管理人才培养

数字技术的发展为职业教育的数字化和多元化发展提供机遇的同时，也带来了传统职业被替代的风险。智能装备技术，如工业机器人、服务机器人、新零售机器人等，已经替代了一些传统职业，如流水线操作工、客服、销售员、银行职员等进行可预测物理活动工作的岗位。据《中国人口与劳动问题报告》，人工智能对中国制造业工人的替代率高达19.6%。数字技术的发展颠覆了传统产业，也使得数字化高技能专业性人才非常短缺，导致招工难和就业难问题并存。问题解决能力、创新实践能力和社交能力较强的人才会继续享受数字技术带来的红利，具有交叉学科背景的高素质技术技能的复合型人才在市场中的需求很大。可见，数字技术的发展使得传统机械重复性的工种逐渐没落，对一专多能和具有创新能力的技术技能人才需求更高，迫使职业教育进行数字化转型，以培养社会需要的创新复合型人才。

综上，一方面，职业本科的发展可以满足学生学历提升的需要，另一方面，更重要的是数字科技的发展加速推进传统产业数字化转型升级，从而对人才提出了更高的要求。因此，与高职教育相比，本科职业教育要更注重理论基础的深厚性、知识体系的完整性、专业能力的复合度、技术技能的坚实性，使学生掌握高端技术技能、复合技能成为可能，使之适应企业数字化转型的需要，满足企业数字化转型对高层次数字化技术技能人才的需求。

本科层次的职业教育可以从三个方面进行：一是提升学生的技术深度和广度，往高端技术技能化方向培养；二是培养学生的复合型技能，培养既懂业务又懂数字技术的复合型人才；三是在技术提升的基础上培养

学生的管理能力,培养具备数字技术思维和应用能力的管理人才。

(四)职业培训:灵活高效的人才培养

一系列的数据显示,制约企业数字化转型的一个重要因素是数字化人才的短缺,职业院校体系培养人才数量不足、与企业需求不匹配等问题,不能很好地满足企业数字化转型的要求,而企业自主培养人才面临难度大、投入高、周期长等问题,这就给社会上的职业培训机构提供了机会。职业培训体系作为职业教育体系的一个重要组成部分,要能够迅速高效地为企业数字化转型培训出合适的人才。

首先,我国大量的企业需要数字化转型,紧缺相关数字化人才,而很多大学生因为找不到理想的工作,进入了"慢就业"阶段,培训机构应该抓住机遇,积极开展针对大学生的数字化培训项目,帮助新毕业的大学生掌握数字化知识和技能。政府则应该采取引导措施,引导大学毕业生提升数字化技能水平,也可以出台相关政策,通过"+数字化"的方式,把应届毕业生送到有条件的高校的数字化相关专业,培养交叉复合型人才。

其次,对于职业培训机构来说,不能只做容易开展的大学生或在职人士的IT培训项目,也要多为社会上低龄、低学历的待业青年提供培训服务。虽然低龄、低学历学员的培训投入成本较高,但这部分学员就业是刚需,促进他们的就业就是为社会就业做出了贡献。而且一旦这部分学员实现高质量就业,就能给职业培训机构带来良好的口碑,对培训机构有很好的宣传作用,也将带来整个职业培训体系的良性发展。所以,培训机构要在抓住企业数字化转型机会的同时承担起社会责任,承担好社会责任反过来也会反哺培训体系。比如,有个河南籍的学员接受了某机构的培训,并据此找到了理想的工作,然后该学员一个村子里同一个大家族的68名年轻人都相继来到该机构进行培训。

最后,职业培训也要承担农民工的数字化培训责任。城镇化需要实现农村劳动力转移,同时,由于产业内迁,很多农民工选择返乡就业。《2021年国民经济和社会发展统计公报》显示,全国农民工总量为29251

万人，比 2020 年增长 2.4%。其中，外出农民工为 17172 万人，增长 1.3%；本地农民工为 12079 万人，增长 4.1%。根据《2021 年重庆市国民经济和社会发展统计公报》，全市农民工总量为 756.3 万人，比 2020 年增长 2.7%。其中，外出农民工为 513.6 万人，减少 1.7%；本地农民工为 242.7 万人，增长 13.4%。2021 年，重庆自然人口增长率为 -1.55‰，而当年常住人口增长 3.5 万人，显示人口回流。可见，农民工返乡就业正成为趋势。但不管是农村劳动力转移还是农民工返乡就业，制造业数字化转型带来的企业用工向数字化人才的转变，都会使得农民工面临逐渐被淘汰的危机，这也正是职业培训体系所要解决的问题。职业培训机构既要为农村劳动力向城市转移做好充足准备，也应该迎接返乡潮，将原先立足于东部大城市的业务拓展到中西部大城市，甚至下沉到中小城市。

相关研究也表明，针对农民工的培训有显著的效果，如刘万霞（2013）分析发现，职业技能培训对农民工胜任技术工作及管理岗位有一定的帮助，进一步分析发现，职业培训能有效帮助最高学历为高中的劳动力提升回报水平。因此，通过职业教育和培训实现农村剩余劳动力转移和人力资本结构的不断优化，助推企业数字化转型将大有可为。而且，通过初中毕业分流来转移农村剩余劳动力的做法也有了更好的替代方案，就是加大对高中文凭农民工的职业培训力度，从而既实现农村剩余劳动力依据市场规律自愿向产业转移，又助推企业数字化转型。

二、建立与企业数字化转型深度融合的人才培养体系

在企业数字化转型背景下，职业教育必须注重内涵建设，只有提高数字化技术技能人才培养质量，才能提升中职教育的认可度、扩大高职规模、普及高等教育以及创出职业本科的特色。数字化人才数量和质量的提升既可以优化我国人力资源结构，不断满足企业数字化转型的人才需求，又可以更好地完成高等教育普及化的重任。与企业数字化转型深度融合的专业设置机制、教学创新体系、产学合作机制等构成的人才培养体系将为高质量的数字化人才培养奠定基础。

(一)建立精准灵活的专业设置机制

1."数字化+"优化专业设置

无论是传统行业还是人工紧缺的老龄化行业,数字化、智能化是必然的趋势,因此,在企业数字化转型浪潮下,专业的设置要紧跟时代潮流,满足企业的用人需求。

制造业是国民经济的主体,我国制造业正在向高端化、智能化方向发展,接受过高等教育、具备创新能力的中高端技能人才紧缺,因此,职业教育的专业设置要适应高端制造和科技行业发展的需求。

由于各行各业都在进行数字化转型,而不同行业企业的应用场景不同,数字化与传统企业的结合,就需要学校设置更多的交叉学科,培养更多的复合型人才。比如针对粮食安全、生态文明、人类健康和乡村振兴问题,开设智慧农业、智慧林业、智慧牧业、智慧水利和农业智能装备工程等"数字化+"的智慧农业类专业。再比如,面向智慧商务、智慧财经、智慧司法、智慧医疗、智慧城市等领域,开设人工智能专业。

2.灵活调整专业设置

职业教育的培养是面向岗位的,所学东西要能直接运用于实践中,理想状态是与岗位无缝对接。数字经济时代,环境、市场、产品都快速变化,企业对专业技术人才的需求不断改变,为适应这些需求,职业教育机构必须灵活设置不同种类的专业。企业数字化转型下,数据成为企业经营、决策的核心资源,利用技术可以完成对基础数据的挖掘,再通过专业的市场逻辑分析就可以实现数据价值的最大化,从而赋能企业创新发展,因此,掌握技术且具备市场逻辑思维的复合型人才成为企业争夺的对象。灵活调整专业设置既可以淘汰不适用的传统专业,新设置数字化相关专业,培养专业的数字化人才,也可以采用前面所说的"数字化+"传统专业的形式,培养社会需要的复合型人才。

3."高端化"职业本科专业设置

为培养出高层次数字化人才,职业本科在专业设置上要瞄准两个"高端",即高端产业和产业高端。高端产业一般是指技术含量高、处于产业链高端、在产业链中居于核心地位的产业。主要表现在三个方面:第一,技术含量高,表现为知识、技术密集,体现对多学科和多领域高精尖技术的继承;第二,处于价值链高端,具有高附加值的特征;第三,在产业链占据核心部位,其发展水平决定产业链的整体竞争力。产业高端一般指在产业中依靠科技进步和创新,在技术含量和产品附加值等方面占据领先优势的领域。一般认为,智能制造、先进制造等位于制造产业的高端。

(二)建设以数字化为中心的教学创新体系

1.创新数字化教学资源

数字化应用型人才的培养要求"三教"改革围绕数字化应用展开,探索数字化的教学途径和方法,创新数字化教学资源,加强数字化教材的建设应用,推进职业教育信息化教学改革,提升课程的数字化教学质量。数字化应用型人才的培养还建立在数字化教学资源实用性的基础上,实用性资源需要职业院校与企业共同创建,并把产业发展的最新数字化技术、产品、工具引入课程,将现实内容充实到理论课程中,并开发新的实训环节和仿真项目同时,围绕最新的各数字化应用岗位要求,根据工作流程更新教学内容。这种教学资源及教学方法,能够让学生了解数字技术的应用前沿,迅速满足企业数字化转型的应用型人才要求,有利于学生"零距离"就业,也有利于其升学。

2.打造数字化应用场景

和企业合作建设虚拟仿真实训室、虚拟仿真实训基地,开发基于工作流程和工作环境的虚拟仿真实训资源,打造企业数字化转型的应用场景。比如,上海电子信息职业技术学院联合华为技术有限公司等,共同打造了涵盖展示、教研、科创、科普等多种功能需求的5G移动通信虚拟仿真实训基地,以及支撑OBE(outcome-based education,基于学习产出的教育)课程体系的虚实结合实训环。再如,上海市工业技术学校携手联通、航天等企业共同搭建"5G+智能实训黑灯工厂",探索"数字化+""智能+"虚拟仿真实训教育新模式。

3.提升科研水平,促进数字化教学

高职院校和职业本科作为高等教育主体,也要承担科研任务。教师加强数字化科技的应用性研究,其一,能够深化教师对数字化专业知识和技术技能的理解,用直接的一手资料教学带来课堂效果的显著优化;其二,为数字化技术的教育教学提供先进的理论,提升学生的理论基础,将研究结果与学生进行讨论,也有利于教师教学水平的提高;其三,开展以应用为导向的科学研究,加强与企业合作,共同促进产品和技术的开发与创新,让学生参与研究,有利于高素质数字化技术技能人才的培养。

4.积极承担社会服务职能,增加实践教学

高等教育本身就有服务社会的职能,而且提升社会服务能力既可以检验数字化应用性研究的成果,又可以提高学生的实践能力,更好地培养出与就业岗位"零距离"的高素质数字化人才。

5.注重特色,打造职业本科的品牌

本科层次职业教育虽然与普通本科处于同一层次,但两者属于不同类型,因此,本科层次职业教育在加强学生理论基础的同时,要更注重运用技术解决实际问题的能力的培养,课堂教学要更注重理实一体化以及基于工作情境的实践教学。

6.探索职业本科横向育人机制,培养复合型人才

为实现职业本科的人才培养目标,职业本科院校可以探索以项目为载体的横向协同育人机制,开展跨专业、跨学院的人才培养项目和数字化应用技术研发项目。学校可以采用矩阵制的组织结构,纵向为传统的院系结构,横向为横跨院系的项目,这样的组织结构可以灵活地培养出数字化复合型技术人才和管理人才。

(三)构建数字化实践能力培养的联合机制

以实践能力培养及人才输送为出发点,学校、行业协会、企业、职业培训机构等一起合作,联合开展课程研发、技能培训、企业招聘、实习就业等活动,打通各个环节,共同打造集数字化课程、认证、就业于一体的实践教育体系,构建科学合理的数字化人才联合培养机制。

数字化实践能力的培养可以从三个层面开展:学校模拟实践、校企合作项目(社会实践、社会服务)、企业顶岗实习。三个层面层层递进:第一个层面是知识和技术的模拟运用;第二个层面是知识和技术的实际运用,但不连续,具有片断性;第三个层面是基于岗位的要求,运用知识和技术解决实际问题,学生能对岗位理解深刻,职业技能会得到连续不断地提升。

职业教育要办成类型教育,就要办出特色。结合职业教育的培养目标以及当前企业面临的数字化转型难题,职业教育办出特色的关键是与市场接轨,与产业联系,跟企业紧密结合。因此,无论哪个层面的实践能力培养,都缺不了社会、行业、企业的参与。

1.学校模拟实践

第一个层面的实践虽然以学校为主,但为了使得实践更接近于实际,还需要行业、企业的共同参与,深入合作。

首先,行业协会和企业要深度参与到职业院校的专业规划、课程设置、"三教"改革和质量评价中去,确保职业院校的人才培养围绕企业数字化转型的实践来开展。

其次,职业院校的模拟实训、仿真实训等实训场景的建设,应该邀请企业和职业培训机构共同参与,使得实训场景尽可能地贴近现实。

再次,企业专家积极参与模拟实训的教学环节,将一线的数字化技术和经验带入课堂。

最后,培训职业院校的教师,使其掌握最前沿的数字化知识和技术,以培养出高质量的数字化人才。我国的职业院校开展实践教学的方式还很原始,与企业实际操作相差甚远,主要原因是很多教师自己也没有企业的实践经验。因此,由企业或者好的职业培训机构开展对职业院校教师的培训非常有必要。

2.校企合作项目(社会实践、社会服务)

第二个层面的实践可以借助于实践平台,通过完成项目来提升学生的实践能力,对学生的学习效果评价采用过程与结果相结合的评价机制,促进学生综合技能和创新素质的提升。也可以将实践课程直接搬到企业或相关场所进行。例如,数字化制造的实践课程就可以直接到企业的数字化制造车间开展,也可以在社会培训机构的数字化制造车间开展,当然学校也可以自建数字化制造车间,但不管怎样,教师必须是来自数字化制造一线的工程师,只有这样才能确保培养出的人才是真正满足企业数字化转型需求的。

原来的产教融合、校企合作,主要是培养学生的应用操作能力,随着我国产业的转型升级,数字化经济的发展对职业教育的人才培养提出了更高的要求。因此,职业本科培养的不仅仅是应用型人才,还有创新型人才。为适应更高层次、更高水平的创新型技术技能人才培养需求,职业本科的人才培养模式不能停留在简单的校企合作层面,而是需要跟企业进行融合,进行共同的技术开发和研究,深化科研育人机制创新,创建校企联合培养的实践基地,开展校企合作的横向科研项目,并鼓励科研团队吸纳学生加入,实现项目实践育人。

3.企业顶岗实习

第三个层面的实践是与数字化转型企业进行合作,组织毕业班学生到企业顶岗实习。在当前企业面临困难的情况下,可以由国家提供一定的费用补助,减少企业用工成本,为企业提供大量实习生,帮助企业加速数字化转型。当今世界,科学技术日新月异,职业院校的教学内容常常跟不上数字化技术的发展步伐。因此,通过顶岗实习,一方面,学生可以得到真正的实践锻炼,提升实践能力;另一方面,可以降低企业招收毕业生后再培训的成本。顶岗实习既缓解了企业数字化转型的人工短缺现状,又增加了大学生的就业机会。

(四)建立灵活高效的职业培训体系

环境的变化、数字科技的发展等,使得工作调整和职业转换的人数增加,职业培训对于那些寻求短期教育从而能借此调整工作的人来说具有较强的吸引力。近几年,"转码"热引发的职业培训需求不断增加就是一个很好的例证。

随着企业数字化转型的不断加速,数字化人才不仅处于快速的变化中，其人才体系的分工也越来越细，这就使得培训的规模化优势越来越小，培训体系和人才管理的复杂度和成本越来越高。因此，职业培训体系本身要用数字化的手段，时刻关注市场的变化，灵活有效地调整培训方案，让人才培养尽量个性化的同时，降低成本且迅速高效。

首先，实时调查企业数字化转型对各类数字化人才的岗位需求及其发展趋势，清楚每个岗位的技术技能要求，针对每个岗位的技术技能要求，制定对应的培训方案。

其次，为了应对岗位和人才体系的细分化，可以将知识、技术、技能等拆分成若干个模块，然后根据各岗位的要求，运用数字化的手段进行搭积木式的组合，对学员进行模块化的培训，以增强培训模式的灵活性和适应性，满足企业数字化转型对各类数字化专业人才的需求。

三、建设应用导向的师资培养体系

职业教育最关键的是培养实践能力强的应用型人才，即使是创新和研发，也要以应用为导向。自身实践能力强的师资才能培养出实践能力强的人才。然而，我们现有的职业院校的教师，实践能力比较欠缺，这就要求学校要加大对师资的培养力度。

（一）培养内容

1.推进教师的数字化转型

教师数字化转型是数字化应用型人才培养的关键，职业院校应健全学校的师资培训体系。

首先，以数字技术赋能教师数字化教学能力，提高教师数字化技术技能和对数字化技术技能的理解、应用能力，如运用数字化技术进行教学活动设计与组织等。同时，为教师"双师"化发展提供个性化的数字化实训平台，促进教师数字化教学能力的提升。

其次，聘请专家指导教师进行数字化教学资源的设计与开发，组织团队共同开发适合教学情境的数字化教学资源。

最后,以合作企业的数字化项目为依托,开展教师数字化技术应用能力的实战训练,助力教师运用数字化技术优化课堂教学、改革教学方式,并将最前沿的数字化应用技术与专业知识深度整合,以培养出企业数字化转型的合格应用型人才。

2.打造专家型"双师"教学团队

专家型"双师"的特点是:理论上拥有深厚的理论知识,是数字化相关技术理论的专家,并且有深入研究的能力;实践中具备运用技术方法解决一线数字化复杂问题的能力;职业素养上具有精益求精、追求完美的工匠精神。总的说来,无论在课堂教学、理论研究,还是企业复杂问题的解决方面,专家型"双师"都是佼佼者。

打造专家型"双师"队伍有三种办法:一是加强对校内教师的培训力度,采用企业顶岗实践、项目合作实践的形式,推动教师培养基地建设,并实行全员轮训制度;二是严把入口标准,招聘既具备深厚数字化理论素养又具备数字化工程实践能力的优秀人才担任专任教师,不过分强调高学历,而是更注重高技术技能;三是加强兼职教师队伍建设,不断从行业企业招聘业务骨干、能工巧匠、技能大师等扩充学校兼职教师队伍,把企业最新的数字化技术带到人才培养过程中去,也可以采用与合作企业形成校企混编教师团队的形式,校内外教师相互取长补短,校内教师还可以通过跟班学习,提升自身的实践能力。

(二)培养模式

1.企业顶岗锻炼

教师顶岗锻炼是指教师进入某个企业,成为某个岗位的员工,承担岗位职责,完成企业的任务。直接深度参与企业工作,将大幅度提高教师实际岗位的工作能力和实践教学能力。

(1)创新教学理念

教师通过顶岗锻炼可能会发现,企业实际情况跟理论上以及理想的情况不一样,跟案例的情况也不会完全一致,那么,教学的理念可能就会有所创新。比如,并不是每个流程、每个环节都需要很高水平的数字化技术,而是各个流程或环节之间的衔接配合,这就不仅仅是技术的问题,还需要团队之间的合作。因此,对学生的培养就不能仅仅关注技术技能的提升,还要开展包括团队精神、职业道德等方面的教育。

（2）优化教学模式改革

教师通过顶岗锻炼,可以深切地感受到原先的教学模式可能与实际存在某些方面的偏差,反馈到实践教学中,就可以对原先的教学模式进行优化,缩小教学与实际的差距。

（3）丰富教学内容

教师深入企业一线,由原来依据以书本、学科专家理论为基础的教学标准进行的课堂教学,变成以技术标准、行业企业标准为主的企业实战,由与学生、同行的讨论变成与企业行家的工作交流,对企业管理制度、岗位职责、岗位知识和能力要求、行业标准、技术标准等的深刻理解将极大地丰富教师的教学内容。

（4）提升实践能力

深入企业锻炼,融入企业,自然会发现一些问题,与企业专家共同探讨一起解决问题,将极大地提高教师解决实际问题的能力、实践应用能力、技术开发研究能力和实践教学能力等。将在企业的所见、所想、所得用于课堂教学,也能帮助学生了解企业现状、专业和技术的发展趋势等。

2.项目合作

项目合作的方式是指职业院校与企业合作开发新技术、新产品、新工艺、新流程等,或者与企业共同研究解决其运营过程中所面临的技术或管理难题等。学校教师通过与企业的项目合作,提高其科研能力以及解决实际问题的能力,与教学相结合,也进一步提升其实践教学的能力,强化学生对企业实际情况的认知和科技发展趋势的把握。只是这种模式下,受益的教师数量相对有限。

3.校企联合开展社会服务

职业院校和企业利用各自的知识、技术、技能优势,联合开展社会服务,为农民工、失业工人、退役士兵、小微企业等各类有需求的单位或个人提供数字化技术技能培训服务,或为他们解决数字化相关难题。这样的服务项目既开阔了学生眼界,提高了教师的实践能力,为师生们提供了一个提高数字化专业技术技能的平台,同时也为教师日后的专业实践教学积累了宝贵的经验。职业院校和企业要让这种社会服务常态化,让每个教师都能从这样的活动中获得经验的积累和技术技能的提升。

4.企业专业人士校内实践授课

授课的培养方式虽然比不上前面三种方式提升教师实践能力的效果,但它是最简单、最容易开展的,同时也是教师参与度最高的形式。采用 AR、VR 等先进技术,借助于相关的实践平台,比如仿真实验室、模拟实训室等,可大大优化培训的效果。

(三)评价机制

一直以来对教师的评价,如定期考核、岗位晋级、职称评审等,以及与之挂钩的福利待遇,都是以科研项目层次、论文发表的刊物等级、科研成果数量等为依据,而对科技成果的应用转化、服务社会的能力、实践教学的能力则要求较少,相对形式化。与企业数字化转型融合共生的职业教育体系必须建立在以应用为主导的教学实践基础之上,其中,实践能力强的师资是关键。要培养出实践能力强的"双师",对师资的评价就必须以应用为导向而非以理论性的科研为导向。

1.实施基于过程的精准评价方法

在教学评价方面,通过跟踪教师数字化教学过程和学生学习路径,运用数字化手段智能诊断教学效果,有利于促进职业教育质量提升:基于数字化技术,从教学效果、教学内容、教学实践轨迹、问题解决等方面综合评价教学质量,从具体问题解决情况、项目成果和创新实践能力等方面评价实践教学效果。

2.对科研能力的考核侧重成果的转化落地

职业院校的教学以实践应用为导向,那么,对教师的考核也应该侧重其实践应用能力。职业院校的科研也是为实践服务的,因此,对职业院校教师的科研能力考核主要应考核其成果的转化、落地实践、解决实际问题的效果。

3.将社会服务能力作为评价内容

社会服务作为职业院校教师实践能力的重要体现,必须在评价指标中有一席之地。社会服务能力包括:利用数字化科技解决个人、企业、社区等存在的问题;对有需求的群体进行数字化技能培训;进行数字技术普及化培训;与相关主体合作开展数字化相关技术研究;等等。

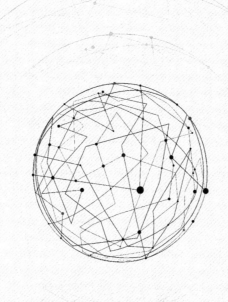

第 十 章

共生系统的优化策略

根据前面的分析,我们了解到职业教育体系与企业数字化转型存在着融合共生性,两个共生单元互惠共生,面临着融合发展的一系列困境。构建职业教育生态体系有助于共生系统的持续发展,不过,职业教育体系与企业数字化转型共生系统的不断优化,需要政府、企业、社会、职业教育机构、家庭、个人等多方面的努力。只有共生系统不断优化,才能促使共生单元形成稳定的连续互惠共生关系。

一、建立全国统筹的职业教育管理体系

由于我国的职业教育采取的是属地管理原则,存在着经济发展与职业教育不匹配的问题,偏利共生现象比较常见,因此,从国家层面统筹全国的职业教育机构设置,建立全国统筹的职业教育管理机制,将非常有益于职业教育体系与企业数字化转型的互惠共生发展。

(一)全国统筹的职业教育机构布局

2022年上半年,广东、江苏、浙江、山东四个沿海省份在地方对中央财政净上缴中贡献超过六成。我国经济大省一直是国家经济发展的"顶梁柱",支撑着国家的转移支付财力。按理说,经济发达地区由于其用工较多,应该发展更多的职业教育以适配地方经济发展,职业教育应该更加发达,但实际上,经济发达的东部地区职业教育并没有明显的数量优势。从2020年的数据来看,广东、江苏、浙江、山东四个省份的GDP总量

合计占全国GDP的比重为34.57%,但根据表6-2、表6-4和表6-7的相关数据,我们计算出这四个地区的职业院校数和在校生人数[①],分别只占全国的16.03%和20.81%。长期以来,欠发达地区的职业教育为经济发达地区提供了大量的务工人员,存在欠发达地区对经济发达地区的"反哺"。地方经济的发展与职业教育的发展并没有相辅相成,进一步证明存在着偏利共生性,东部经济发达的省份对职业教育的投入与其经济实力不相匹配。有人可能会认为东部发达地区在经济上支持了欠发达地区,欠发达地区对经济发达地区的"反哺"也合理。然而,一方面,中西部地区由于受产业基础、资金支持等办学条件的限制,职业教育的质量相对较低;另一方面,东部产业发达,更适合职业教育的发展和人才的培养。所以,欠发达地区的这种"反哺"并不利于职业教育的提质增效。如今虽说在产业西迁,但中西部地区毕竟基础薄弱,科技发展和各项条件暂时还无法与东部沿海省份相比。为了更好地培养数字化人才,尽早尽好地满足企业数字化转型的需要,需要经济发达地区突破职业教育发展的属地思维,即不仅仅将职业教育的公共资源局限于当地户籍的青年。

众所周知,我国虽然已经构建了较为完整的职业教育体系,但职业教育机构的开办和管理还是由地方政府主管。要突破职业教育的属地思维,需要从国家层面在全国范围内对职业教育进行统筹规划,更需要国家各方面政策的合理支持和优化。职业教育投入成本大,与产业结合紧密,因此,产业基础好、经济较为发达的地区应该承担更多的职业教育责任。一方面,为本地区自身产业的发展提供更多更好的数字化人才;另一方面,为西迁的产业提供数字化人才支持,确保国家经济的健康发展。不过,东部省份为了国家发展大局,已经竭尽所能上缴了税收以支援其他省份,如果还要承担与其经济发展水平相适应的职业教育,甚至为了全国企业发展之大局负担更多的职业教育责任,国家在转移支付和出台其他优惠政策时也应该向东部省份多倾斜一点,否则经济发达的省份也就没有了积极性。

---

①注:由于职业大学还没有正规的统计数据,而且目前规模较小,暂未计入其中。

（二）全国统筹的职业教育管理机制

21世纪，职业教育重新得到重视之后，我国开始意识到社会参与职业教育建设的重要性，尤其企业在职业教育中扮演着关键的角色。为了有效协调政府、学校、市场之间的关系，充分发挥职业教育的社会功能，我国逐步形成了政府统筹、地方为主、社会参与的职业教育管理体制。不可否认的是，我国职业教育管理机制随着时代的发展，取得了较大进步，也更加灵活多样。但，一方面，时至今日，技工序列与职教序列仍然分属不同的管理体系，职前教育与职后教育相互分割，各部门之间存在协调合作性问题，职业教育界多头管理、政出多门的现象较为常见，从而导致职业教育管理效率低下、管理成本大、教育和管理资源重复浪费、各部门之间相互推诿等问题，严重制约了职业教育质量的提升；另一方面，职业教育体系与企业数字化转型共生系统涉及要素较多，对共生环境更为敏感，职业教育体系要与企业数字化转型共生发展，就要求职业教育管理机制更加灵活，跨部门协调更为敏捷，统筹管理能力更强。

本书建议，可以探索成立一个垂直体系的全国职业教育管理委员会，由国家职业教育管理委员会和地方职业教育管理委员会组成。

国家职业教育管理委员会发挥宏观调控作用，实现统一管理，协调教育部、人力资源和社会保障部、产业部等各部门间的职教工作，解决各部门权责不清、政出多门、职前职后教育分割等问题，实现协同合作。国家职业教育管理委员会的主要职能是统筹全国的职业教育体系，如：职业教育机构的布局、全国职业教育机构的整合和优化、不适应市场发展的职业教育机构的淘汰等；全国职业教育与培训标准的开发；实现职前职后教育一体化；技能等级证书的考核与发放；行业岗位能力标准和国家专业教学标准的开发；职业教育机构的专业设置；产教关系、央地权责关系的顶层设计；等等。

地方职业教育管理委员会具体负责本地区教育、人社和产业系统之间的关系，推进产教融合的深入开展，如统筹协调好多元主体兴办职业教育机构，协调好各职业教育和产业之间的关系，协调当地各部门建设好职业教育培训基地,协调职业院校和产业、企业深入开展产教融合等。

职业教育管理委员会必须时刻关注职业教育生态体系和人才市场的变化,了解科技发展的前沿和企业的需求,才能做好相应的决策和管理工作。

二、完善共生环境

职业教育体系与企业数字化转型的融合发展关系越来越深化,为避免能量生产出现边际效益递减现象,职业教育与企业数字化转型在新的环境中,应该构建双方开放合作、互识互信、契约和权责的沟通机制,加强利益交流,提升融合与共生的互动能力,提高双方资源配置效率,实现职业教育体系与企业数字化转型的共生发展。

职业教育体系与企业数字化转型共生要素涉及技术技能供给和企业需求的对接、专业(群)设置和产业链对接、课程内容和企业数字化转型标准对接、教学过程和企业数字化工序对接等机制,还涉及基于融合共生角度的职业教育育人方式调整、办学模式改革、管理体制优化、治理机制转变等方面。质参量是指决定共生单元某种内在的联系及变化的因素,共生单元之间必须存在质参量的兼容,共生单元质参量的匹配性越强、关联度越高,共生关系越稳定。因此,职业教育体系与企业数字化转型应该相互合作,加强各种机制的调整和优化对接,共建协调机制,深度融合,相互嵌入,协调融通,从而促使共生能量的产生和传导,推动两者互惠发展。

然而,职业教育生态体系与企业数字化转型的互动合作需要共生环境的支撑,共生环境的完善程度往往影响着共生单元的能量产生和交换。

(一)建立专业调整的灵活决策机制

企业数字化转型是一个持续推进的过程,因此,各级政府应定期将产业需求数据反馈至地方职业教育机构,组织企业共同帮助职业教育机构科学增设、调整与企业数字化转型有关的专业，并督促和帮助职业院校建设高质量专业群。职业教育机构应定期向职业教育管理委员会申请拟新设的专业和拟淘汰的专业，职业教育管理委员会则根据职业、行业的需求以及地区人才状况，实时进行决策。

(二)探索职业院校人才培养的灵活学制

学制，即学校教育制度，是国家根据教育方针、政策，对各级各类学校的任务、学习年限、入学条件等所做的规定。它是教育制度的主体，是现代教育制度的核心内容，有时专指各级各类学校的学习年限。

职业院校的灵活学制是指学校根据学生的不同情况，对学习任务、学习年限、入学条件等进行不同的划分，学生最终是否达到毕业要求，要根据其职业技术技能水平确定。具体以基于模拟真实情景的工作过程和工作成果为鉴定标准，该鉴定标准应同时能辨识出学生掌握的知识和真实的技能水平，以及对职业岗位的胜任能力。

灵活学制将为更多的人进入职业院校学习提供机会，学生可以根据自己的情况申请学习的年限，也可以中途申请暂停学习，出去工作一段时间之后再回来学习，但要取得毕业证书，必须按规定完成学习任务并最终通过技术技能的鉴定。

(三)试点职业院校宽进严出机制

宽进，可以让更多想要学习技能的人有机会进入职业院校进行学习。严出，可以迫使学生学到扎实的技术技能，而不只是拿个文凭，最后导致这个文凭没什么含金量。职业教育要成为终身教育，可以采取宽进的申请或注册机制，使职业教育体系成为开放的体系，使得人人都可以接受正规的职业教育，并且可以根据需要不断地接受正规职业教育。严出，就是每个专业每个学制期内必须完成相应的课程并通过相应的职业资格鉴定。国家应该为每个公民建一个终身学习卡，记录公民的终身学习情况，相关单位可以根据需要查询员工的终身学习记录，作为员工岗位竞聘、转岗择业、职称晋升、执业登记等的重要依据。

（四）完善政府引导机制

职业教育生态体系与企业数字化转型的融合发展离不开学校、企业、社会、政府等的共同努力，其中，政府的引导起着很关键的作用。

1.加大引导力度，提升产教融合的深度

如前所述，职业教育与企业数字化转型之间存在偏利共生性，很多情况下，企业是出于社会责任而纯粹付出。大部分企业，尤其是中小企业，自身也要生存发展，出于经济利益考虑，在产教融合方面投入不足，导致学校培养的学生，其技术技能与企业的需求存在偏差。因为技术技能不能满足企业需求，企业也就不太愿意接纳这样的学生，而能够接纳并培养学生的大企业毕竟有限。这就是企业缺人和学生就业困难同时存在的根源。因此，政府要通过加大资金支持力度和出台更多的优惠政策措施，引导成立产教融合的培养基地，为中小企业做好数字化人才培养工作，促进企业数字化转型，这将有助于中小企业成功进行数字化转型，发展壮大的中小企业又可以反哺职业教育，接纳更多的毕业生，成立更多的产教融合基地，形成良性循环。

（1）引导多元主体以灵活方式参与职业教育

职业教育的特性之一是职业性，职业性意味着教育要与职业相结合，培养不同岗位所需的职业技术技能人才。在企业数字化转型的背景下，职业教育要顺应时代发展，满足企业对数字化人才的需求。职业教育只有与行业企业相融合才能培养出与岗位对接的职业化人才，政府应该引导行业企业、社会组织等多元主体深度参与职业教育。参与的方式可以灵活多样：与学校共同办学、参与学校实践基地建设、企业专家作为兼职教师参与人才的培养、与社会组织或独自成立社会培训基地等。

新职教法的出台为多元主体参与职业教育提供了法律法规的保障，但具体的操作方式及相关利益方的权利保障，还需要制定出更加详细的规则和措施，以明确不同参与主体的责、权、利，如专业设置、人才培养定位、课程开设、教材开发、实践基地建设等方面的决策权、管理权和责任的划分等。

（2）简政放权，增强企业参与职业教育的积极性

大部分企业和社会组织都是源于一份社会责任心，才参与到职业教育之中，而不是为了获得某些利益，即使有个别私利心重的企业，我们也可以通过健全社会监督机制来防范不法或不道德行为。所以，政府应充分相信行业企业和社会组织，放权给参与职业教育的相关主体，并为其提供法律保证和政策支持，让每一个参与主体做自己最擅长的事情，这样既能提高各方的积极性，又能大幅度提升职业教育的效率和效果。

首先，政府要明晰自身与企业、学校间的权责关系，创新管理方式，更多地以服务者的角色和监督者的身份参与到职业教育管理实践中。政府的主要职能是在学校和企业之间架设桥梁，并采取措施进行正确引导，不该管的及时放权，一旦涉及关系到学生权利保障等原则性问题时，政府部门要时时在线。学校内部的事务，如人事安排、学生管理、学校与企业的合作、教师参与社会活动等，则应放手让学校管理，如果过多干涉，学校就会丧失自主性，放不开手脚做事，可能就会跟市场脱节，办学能力就会下降，培养不出社会所需要的人才，参与主体的积极性就会受到很大影响。好的管理要做到不缺位、不越位、不错位。

其次，政府要实行权力下放，在全国统筹的职业教育结构基础之上，给地方政府更多的权力，如可以根据自身产业发展趋势、人才供需现状等灵活调整职业教育结构、专业结构等。与此同时，政府可以实时监控全国职业教育结构和专业布局情况，并以定期更新负面清单的形式进行管理。这样既协调了全国的职业教育体系，又让地方政府有灵活机动的权力，能够极大地调动地方政府和行业企业、社会组织的积极性。

2.引导多元主体搭建智能职业教育平台

职业教育平台可以提供数字化人才培养资源，满足人们随时、随地进行智能化学习的需求，减少教育链、人才链、产业链之间的脱节现象，多渠道培养数字化人才，缓解人才供应与企业数字化转型需求之间的矛盾。在此过程中，政府需发挥顶层设计的作用，进行全面部署，在社会、学校、企业、学员等多元主体之间搭建桥梁，加强多元主体相互之间的沟通，使得智能职业教育平台能够实现人才培养目标，满足企业的人才需求。

(五)提高技能型人才的社会地位

对于任何一个社会系统来说,人都是其中的关键要素,连接职业教育体系与企业数字化转型的正是技术技能人才。长久以来,我国技能型人才的社会地位不高,随着人口红利的逐步消失,如果再不改变这一现状,我国职业教育的吸引力将受到很大影响,技能型人才将越来越少,我国的产业发展将受到很大的限制,企业数字化转型将会放慢脚步,职业教育体系与企业数字化转型的共生发展将面临很大挑战。

要想真正提升技能型人才的社会地位,使职业教育成为真正意义上的类型教育,实现职业平等,关键在于人才观念、社会评价机制、薪酬机制、人才选拔机制等的转变。

1.人才观念的转变

我们要树立科学的人才观,技能型人才是不如科学家、高端技术人才等那么"高大上",但技能型人才是社会不可缺少的。而且,高端技能型人才可能比一般的技术人才、管理人员更能为社会创造价值,其技能的练就更加艰辛。凭自己的努力具备这样的能力,为企业、社会做出不可磨灭的贡献,是真正的人才,理应受到大家的重视。

2.社会评价机制的转变

当今社会的评价机制正在逐步转变,但还较为单一,以资历、学历、文凭的评价为主,这对于评价技能型人才不太合适,容易形成"偏理论、轻实践"的社会现象。对于技能型人才的评价,应以实践能力的评价为主,注重其在特定职业和岗位上的胜任度、技能获得的难易度、技能创造价值的高低。评价机制和人才观念是相辅相成的,科学的评价机制反映了科学的人才观,而科学的人才观需要科学的评价机制来支撑,否则就属于言行不一致了。因此,技能型人才的评价应自成体系,以基于模拟真实情景的工作过程和工作成果为准,并能在此过程中辨识出技能型人才掌握的知识和真实技能,以及对职业岗位的胜任能力。

3.薪酬机制的转变

我国的薪酬机制,不管是事业单位还是企业,都分为管理干部系列和普通员工系列,普通员工的薪酬待遇和地位通常都不如管理干部系列,导致收入待遇、地位等与付出往往不成正比,更多的人想要通过走管理干部系列的发展路径来提升薪酬待遇和社会地位,久而久之,技能得不到重视,专注于技能提升的人越来越少,荒废技能的人越来越多,高端技能人才短缺。因此,消除技能贡献与薪酬待遇之间的错位,才能引导更多的人选择技术技能发展这一条道路。管理系列和技术技能型人才的薪酬机制应该并行设置,技术技能型人才的薪酬待遇跟技术技能等级挂钩,等级越高,技能贡献越大,薪酬待遇越高,也能够超过管理干部,这样,才有人愿意专注于技术技能的提升,企业数字化转型所需要的高端技能人才就有了来源。

4.人才选拔机制的转变

我国的评价机制以资历、学历、文凭的评价为主,选拔机制中同样存在这个问题,这极大地影响了个人选择职业教育的积极性,职业教育就自然地成了"低等"教育。要改变这种情况,除了要改变评价机制、薪酬机制外,还要改变人才选拔的机制。虽然本书建议技能型人才的评价机制和薪酬待遇要自成体系,但我国向来有"学而优则仕"之观念,必须给人以平等的机会,使之可以自由选择发展的路径,人才的自由发展才能不断优化我国的人才体系。

另外,我国要深化改革人事制度,提高我国行政机关、事业单位、国有企业内相关岗位对职业院校毕业生的开放度,以能力素质适合度为标准,而非以学历、文凭、院校等为标准。学历、文凭、院校的选拔标准已经导致社会越来越"卷",人们越来越焦虑,幸福感越来越少。关键是,这样的选拔还可能带来人才的浪费、社会资源的浪费。所以,无论从哪个角度分析,以学历、文凭、院校等为标准的选拔机制都已不再合适。

三、加大对共生系统的支持力度

（一）加大职业教育的经费投入

经费投入是教育持续稳定发展的基础，尤其对职业教育而言，经费的保障尤其要充足，因为职业教育需要更多的设备并要不断地进行更新，还需要更多"双师型"教师，所以比普通教育需要更多的资金投入。近年来，我国出台了诸多加大职业教育经费投入的政策，但从现实情况看，职业教育的经费投入还存在一定的问题。

首先，职业教育经费总体投入不足。根据教育部、国家统计局、财政部《关于2020年全国教育经费执行情况统计公告》，2020年，全国教育经费总投入是53033.87亿元，比2019年增长5.69%；生均一般公共预算教育经费，全国普通高中是18671.83元，比2019年增长4.77%，全国中等职业学校是17446.93元，比2019年增长0.95%；生均一般公共预算教育事业费，全国普通高中是17187.02元，比2019年增长5.21%，全国中等职业学校是15625.03元，比2019年增长1.59%；生均一般公共预算公用经费，全国普通高中是4305.29元，比2019年增长9.13%，全国中等职业学校是5489.56元，比2019年减少0.36%。可见，只有生均一般公共预算公用经费投入，全国中等职业学校是超过普通高中的，但普通高中比2019年增长了9.13%，中等职业学校还比2019年减少了0.36%。而且总体上看，无论是绝对值还是增长率，中等职业学校的经费投入都比普通高中要少。另据腾讯网的资料，全国高等教育经费总投入是13999亿元，其中，普通高职高专教育经费总投入是2758亿元，占比只有19.70%。而我国普通高职高专院校数占比是53.62%，在校生占比也达到了44.43%。综上，职业教育经费的总体投入不但没有超过普通教育，还远低于普通教育，经费投入严重不足，国家需要加大经费的投入力度，使之与职业教育办学规模相匹配，以提升职业教育的质量。

其次，职业教育经费投入区域差异大。中等职业学校生均教育经费最多的北京达到了162746.20元，其次是上海，为111027.00元，而最少的贵州才20078.71元,差距太大。总体来看,经济发达的北京和江浙沪地区,中等职业学校生均教育经费投入比较多,中西部及南部经济不发达地区的中等职业学校生均教育经费投入比较少。不过,西部的西藏和西北的青海以及北方的吉林和内蒙古,表现也很亮眼,尤其是西藏、吉林和内蒙古,不但中等职业学校生均教育经费投入在全国名列前茅,而且超过普通高中的生均教育经费。除了以上这些,中等职业学校生均教育经费超过普通高中的省份还有黑龙江、山西、甘肃、宁夏、辽宁、山东、江西、安徽、福建、河北、四川,这些省份绝大部分是中西部经济不发达地区。在教育经费投入方面,经济不发达地区总体上倾斜于职业教育,而经济发达地区是倾斜于普通教育的,不过,经济不发达地区的教育经费投入的绝对值总体上偏低。

最后,我国职业教育经费投入形式单一。职业教育经费的主要来源是政府投入,2020年全国教育经费53033.87亿元中,国家财政性教育经费为42908.15亿元,占比达80.91%。行业企业对职业教育的投资相对不足,这种单一的投入机制也是职业教育经费不足的重要原因之一。

因此,要加大职业教育经费的投入。

1.加大对职业教育经费的总体支持力度

为加快职业教育的质量提升,要从总体上加大对职业教育的经费支持,提升全国职业教育经费在全国教育经费中的比重,与职业教育的类型特色相匹配。职业教育是一种为行业企业培养技术技能型人才的类型教育,实践教学的质量与技术技能型人才的培养质量息息相关,而实践教学的高质量开展依赖于职业院校在实训设备和双师型师资方面的高投入。有些专业,如汽车维修、建筑工程等,对实训设备和双师型师资的投入要求更高,这意味着与普通教育相比,职业教育需要更多的经费用于实践教学,国家理应投入更多的资金。因此,国家应根据职业院校的办学规模、师资投入、实训设备投入、实习投入等指标,科学确定不同类型职业院校经费投入的规模,力争在尽可能短的时间内达到同层次普通教育的教育经费投入标准,甚至基于职业教育的需要超过普通教育。

2.促进职业教育经费投入的地区公平

有的省份职业教育经费投入过少，经费投入的增长空间还很大，而其中大部分省份经济不发达，就需要国家或其他经济发达的省份加大支持力度。有些省份，尤其是经济欠发达省份，由于经费不足，办学条件相对落后，师资（尤其是双师型师资）和实践实训设备缺乏，从而导致职业教育的质量不高。

在全国统筹的职业教育体系下，资源应该公平分配，也可以做到公平分配，资源公平分配才能提升贫困地区的职业教育质量，实现职业教育的地区公平。因此，教育经费应该向经济欠发达且职业教育经费投入不足的地区倾斜，这样既可以提振职业教育，培养高质量的职业技术技能人才，又可以通过引导技术技能人才服务于当地产业，助推当地经济的振兴，经济振兴又会给职业教育带来产业的支持和经济的支持，从而形成一个良性循环。

3.完善多元化经费投入机制

随着科技的发展变化，实验实训器材设备越来越高端，更新的速度也越来越快，职业教育经费如果完全由国家提供，国家财政的负担将越来越大，而经济的不稳定性也使得财政面临着很大的资金压力。因此，通过税收减免等优惠政策鼓励和引导社会组织、行业企业、个人等以各种形式加大对职业教育的经费支持力度，形成多元化的经费投入机制，将是职业教育经费不断增长的保障。多元化的经费投入可以是资金的支持，也可以是其他资源的支持，如实训实践场所、实训设备、实习机会等，而且行业企业的参与还可以带来如人才要求、市场信息、双师型师资等方面的资源。

（二）政企社协同，共建人才培训基地

职业教育的重点在于培养学生的职业技能，能否最终掌握企业发展要求的技术技能，是检验学生是不是职业技术技能人才的关键，也是职业教育结果的判断标准。而一直以来，产教融合不够深入，校企合作多流于形式，实践能力培养不足，导致职业教育人才的适配性问题严重。

企业的需求与职业教育人才的培养存在偏差。尤其在企业数字化转型背景下,企业急需相关的技术技能人才,而职业院校难以提供与企业岗位需求无缝对接的人才,未能实现培养目标。主要原因在于:一方面,职业教育机构没有根据趋势的变化提前做出专业的设置和调整,人才培养与实际需求存在着时间差;另一方面,职业教育机构受限于实践条件和双师型师资素质,对学生数字化技能的培养相对欠缺。破解以上两大问题的关键是深化产教融合,这需要政府的大力引导,引导行业企业深入参与到职业教育之中,做到真正的校企合作,形成稳定的互惠共生系统,实现职业教育体系与企业数字化转型的融合共生发展。

各级政府应该积极引导并组织企业和职业院校共建一批资源共享以及集企业真实生产、社会技术服务、社会培训和教学实践于一体的高水平数字化人才培养实训基地。实训基地可以在企业和培训机构原有的基础上改建,也可以三方协同新建。

三方协同的数字化人才培养基地的好处在于:一是为学生搭建了数字化学习实践的平台,通过资源共享,可以解决当下不少职业院校实习实训条件和双师型师资短缺的问题,缩短学生掌握技术的时间。让学生在毕业之前就掌握足以高质量就业的数字化一线技术,确保毕业后"好就业,就好业"。二是加强了校企双方的相互沟通和了解,避免交流不畅的状况出现。通过与企业的真正融合,学校将更清楚企业数字化转型中相关岗位对人才和技能的需求,在数字化专业人才培养方面,将更切实际,避免出现闭门造车的现象,从而保障学生学有所用、学有所长,真正培育出能够促进企业数字化转型成功、产业发展的数字化专业技术技能人才。三是集企业真实生产、社会技术服务、社会培训和教学实践于一体,既能保证教学实践与企业实践融为一体,是真正的实战,让学生能够掌握真正的技术,又可以避免资源的浪费。不过,如果实训基地不够的话,容易出现资源抢夺的情况,所以,要建立与实际需求相吻合的一批实训基地。可见,政企社协同共建人才培训基地,能够形成社会、政府、学校、企业和学生等多赢的局面。

三方协同共建人才培训基地,在全国已有不少先例,并取得了很好的成效。比如，江西环境工程职业学院，与素有"木匠之乡"之称的江西省赣州市南康区政府签署协议，共建南康家具学院，与当地家具企业共同打造产教融合培训基地，满足家具产业升级对相关紧缺人才的需求，学校的学生在毕业之前就基本被企业"预定"。福建船政交通职业学院经济与管理学院和盛丰物流集团有限公司合作，建成了校企综合实训基地等。

随着企业数字化转型速度的加快，职业教育迎来了新的机遇，相信在政企社协同、共创产教融合实训基地、创新人才培养的良好环境之下，职业教育将为企业数字化转型培养大量的高素质数字化技术技能人才，在助力企业数字化转型的同时，也促进了职业教育自身的创新和变革，真正实现两者的共生发展。

(三)打造数字化人才培养联盟

企业数字化转型缺资金、技术和人才，尤其是中小企业，为支持和加快中小企业数字化转型，各地政府出台了一系列优惠扶持政策，比如，贵州省印发了《支持工业领域数字化转型的若干政策措施》，四川省出台了《关于支持四川省数字化转型促进中心建设的政策措施》等。为进一步加快中小企业数字化转型步伐，促进产业数字化发展，《工业和信息化部办公厅、财政部办公厅关于开展财政支持中小企业数字化转型试点工作的通知》(工信厅联企业〔2022〕22号)于2022年8月17日发布，主要目标是：从2022年到2025年，围绕100个细分行业，分阶段遴选试点支持300个左右公共服务平台，打造4000—6000家数字化转型样本企业，加强试点的引领带动和辐射效应，其中，2022年拟支持100个左右服务平台。此后，福建省工信厅、福建省财政厅联合印发了《关于推进工业数字化转型的九条措施》。

可见，中央和地方政府都已经将企业数字化转型提上了重要日程。不过，资金很重要，人才更重要，技术问题的解决除了靠资金，还得靠人才。前面已经深入地分析过，数字化人才培养的关键是产教融合的深度。三方协同的人才培训基地是一个很好的举措，打造人才培养联盟也是一个不错的选择。

　　所谓数字化人才培养联盟,是指以政府、行业协会、企业、学校、培训机构等为主体,以协同合作,优势互补,以平等、合作、创新、共赢等为原则,围绕数字化人才的培养,在教学管理、教研教改、专业建设、师资建设、技能大赛、学生管理、实习就业、招生培训、校企合作、文化建设、对外交流等方面,全方位开展共商共议、共建共享,充分挖掘与发挥内、外部资源和优势,谋求共同发展,切实提高职业教育办学水平、数字化人才培养质量、社会服务能力等,为企业数字化转型提供高素质的人才和服务。

　　数字化人才培养联盟可以进一步细化,比如,数据分析人才培养联盟、软件开发人才培养联盟、网络安全人才培养联盟、区块链技术人才培养联盟、数字化营销人才培养联盟等。当前,随着财政支持中小企业数字化转型试点工作的开展,可以围绕100个细分行业,借助于300个左右的数字化公共服务平台,成立细分行业的数字化人才培养联盟,数字化公共服务平台正是可以直接用于职业教育机构的实践基地,而数字化人才也在服务中小企业数字化转型的过程中诞生,并进一步为企业的数字化转型发挥更大的作用。由此,职业教育与企业数字化转型可以做到真正地融合共生发展。

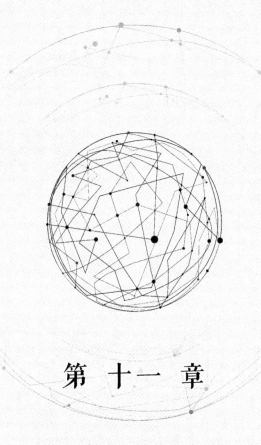

第 十 一 章

职业教育发展之拙见

随着我国经济发展进入新的阶段,经济结构调整、产业转型升级和企业数字化转型越来越紧迫,各行各业对各类人才的需求也就越来越高端,因此,职业教育培养的人才必须能跟得上国家经济的发展。同时,由于我国职业教育面临着前面分析的一系列困境,本书认为,我国职业教育的未来发展可以不同于其他国家。

一、取消中等职业学校招生比例限制规定

教育部门应该取消中等职业学校招生比例限制规定,学生初中毕业,凭意愿选择普高或中职就读。中等职业学校的招生靠市场化手段,如果中等职业学校确实有吸引力,自然会有学生报考。这种做法的好处是:

第一,促使中等职业学校办出特色,提升办学质量,从而吸引学生。

第二,减少学生和家长的焦虑,从而减少社会问题。当前抑郁症患者越来越低龄化的现象跟当前中考分流导致的教育焦虑存在很大的关系。

第三,提高高等教育的毛入学率。国际经验表明,高等教育毛入学率的提高有利于推动经济社会发展。正因此,我国提出在"十四五"期间,高等教育毛入学率要提高到60%。2021年,我国高等教育的毛入学率是57.8%,看起来离60%不远了[1],但事实是,我国的高考录取率已经很

①王峰.高考报名人数超千万 高校生源池仍需多渠道引流[N],21世纪经济报道,2022-06-07(3).

高了，要提升毛入学率就只能从不参加高考的中职生源着手。普职融通正当时，既然最终中职生也要参加高考，而且，为了开拓生源，一些正在向应用型本科转型的地方普通本科院校，也在增加招收中职毕业生的名额。这样，设置中等职业学校招生比例似乎跟社会的发展现状并不相符，而取消中等职业学校招生比例，还能为提高高等教育的毛入学率增加生源基础。

第四，为培养复合型人才打好基础。数字经济、人工智能、高端制造等的发展对人才也提出了更高的要求，对交叉学科、复合型人才的需求越来越多。对复合型人才的培养必须建立在扎实的科学文化知识基础之上，尤其是数理化知识，这方面肯定是在普高学得更为扎实。

二、取消职业教育之名，将高校教育体系分为理论型教育和应用型教育

既然职业教育最终也要走本科、研究生之路，那何苦分职业教育和普通教育呢？而且就算是普通教育毕业的学生最终也要走上职业之路，绝大部分人都是要工作的，所以职业教育和普通教育之分完全没有必要。

现在的职业院校，有些办得很不错，是因为与企业密切合作，培养出了真正的应用型人才。比如：北京电子科技职业学院紧跟产业发展，与90多家企业开展产教融合、校企合作，培养的人才与岗位无缝对接；深圳职业技术学院平均每届学生到世界500强或行业龙头企业就业的比例达到16%，学生的平均起薪达到了6926元[1]，那是因为该校与企业积极开展联合培养，每个专业群联合一家世界500强企业或行业领军企业，共建一所特色产业学院，如华为ICT学院、比亚迪应用技术学院等。这些学校紧盯企业的人才需求，培养的学生能跟岗位"无缝对接"，真正培养了应用型人才，企业对这样的人才求贤若渴。而有些职业院校只是有"职业"的

①王峰.专访北京电子科技职业学院党委书记张启鸿：开发区内办高职 深度探索产教城融合[N].21世纪经济报道，2022-06-10(7).

名头而已,并没有跟企业密切合作,以理论培养为主,培养的学生要真正在岗位上发挥作用,还需要进一步培训。所以,理论型教育与应用型教育才是真正的区别。

具体操作方面,本书的建议是:

第一,制定应用型教育和理论型教育的划分标准。什么样的院校(或专业、班级)可以称为应用型,什么样的院校(或专业、班级)称为理论型,取决于跟企业、跟实际对接的程度,这需要更加细致的标准,关键的一条是学生是否一毕业就能跟岗位"无缝对接"。

第二,应用型教育可以由专门的学校来承担,也可以由原来的普通学校下设应用型专业或某个专业下设理论型班级和应用型班级。所以,学校在名称上不必区分理论型还是应用型,因为一所学校里既可以有理论型专业(或班级),也可以有应用型专业(或班级)。当然,如果全部的专业和班级都是应用型或理论型的,也可以在学校名称中体现出来。

第三,应用型教育和理论型教育同时招生,不分前后,学生根据自己的兴趣报考理论型专业(或班级)或应用型专业(或班级)。

第四,理论型专业(或班级)最低学历为本科,设置淘汰制度,达不到相应要求就获得不了学历证书和学位证书,促使学生认真学习,而不是混毕业;应用型专业(或班级)最低学历为大专,但并不是招生的时候就定好的,而是根据学生在学校学习的情况确定最终是获得大专还是本科学历,这样也迫使学生努力学习技术、技能,如果学得不好,大专学历也无法获得。这样做的一个好处是,让学生把宝贵的时间用在科学技术的学习上,通过提升自己的水平来获取本科学历,而不是花大量的时间(甚至金钱)在专升本要考的也许是自己不感兴趣的学科上,导致专业技术学得不扎实。应用型专业(或班级)的学生也可以继续读硕士研究生和博士研究生,但这个专业是否设置硕士或博士学位,取决于该专业技术的需要和发展。

本书认为,这样的操作能为职业教育(应用型教育)带来好生源,并区分出真正的理论爱好者和实践爱好者,发挥各人所长,避免有些人因为社会观念上的"低等",而不选择职业教育。另外,虽然已经执行了很多年的普职融通，但高职学生在选择专升本这条路的时候，其实学校和专业的选择都非常有限，有些学生为了能上个本科，会选择自己并不喜欢或者说就业竞争力并不强的专业，结果本科毕业找不到合适的工作。所以，以上建议可以使专科学生将宝贵的时间用在提升自己的技术技能水平上，并借此获得本科学历，既不浪费时间又能学到过硬的本领，还提升了学历，一举三得。

三、全力发挥行业、企业在产教融合中的作用

应用型院校取消了"职业"之名，但如果原来的高职院校或职业本科只是改了个名字就是应用型院校了，那显然是不行的。应用型院校的核心竞争力来源于稳定持久的高就业率、岗位的高胜任力及发展能力、高薪资待遇、高社会地位等，而要拥有这样的核心竞争力，离不开社会、行业、企业的参与，只有做到真正的产教融合，应用型教育才不会走如今的职业教育之老路。

新职教法中提到，国家将采取措施，提高技术技能人才的社会地位和待遇，推动企业与职业教育的深度融合，并提出了多条措施激励企业和其他社会力量参与到职业教育中，从而真正根据社会发展的需要来完善人才培养方案，以需求促成人才，以就业引领职教。在实践能力的锻炼方面，新职教法强调了实习的重要性，并做出了一些具体的规定。针对职业院校教师的教学能力和素质问题，新职教法也将加强对教师的培训和培养纳入其中，提出国家要建立健全职教教师的培养培训体系，并采取措施促进企业接纳教师实践，共同培养职业教育院校教师的实践能力。这些措施都可以运用到应用型教育中，但要落到实处才能起作用，所以，还需要实施细则的出台。

首先，政府部门要牵头为学校引入对口的企业，做好产教融合的引领工作，而且将其纳入相关人员的考核，促使这项工作能得到真正落实。学校要精准对接当地的产业体系及其技术发展趋势和人才需求趋势，设置相关专业，并根据变化趋势进行动态调整，从而确保人才培养的适应

性、科学性、先进性。人才培养质量过关,满足企业的需求,企业才愿意与学校合作,学校更加清楚要培养什么样的人才以及怎样培养出好人才,人才培养质量就更高,这是一个良性循环。另外,学校也可以为企业的数字化转型、技术提升等提供科技服务和技能培训,助力企业发展,进一步实现企业和学校的双赢。

其次,鼓励有条件的企业办应用型院校。企业办学能提供真正的实践条件,培养的应用型人才名副其实。应用型教育培养的人才就业好、抢手,必然会增强应用型教育的吸引力,这将起到很好的宣传效果,吸引更多优秀的学生报考应用型院校,示范效应明显。

四、突出应用型教育发展重点

我国正在迎来工程师红利,20世纪90年代流传的"学好数理化,走遍天下都不怕"已经成为现实,当今"工科就业好"的现象也在社会上长期存在。工科专业和复合型专业人才紧缺、社会需求大,在科学技术迅速发展的今天,工科专业或复合型专业能提升毕业生的职业能力适应性,实现高质量就业,应用型教育应该紧跟经济发展的需要,重点发展工科专业或复合型专业。且在数字经济时代,数字化转型越来越受到企业和政府的重视,传统工程正向智能化演变。因此,当前,应用型教育应重点培养数字化人才、智能制造人才、智能养老服务人才以及其他紧缺技能人才等。

从这几年的就业情况可以看出,高校文科毕业生就业竞争越来越激烈,难度越来越大。一是随着社会经济技术的发展,企业对科技人才和复合型人才的需求越来越大,提供给纯文科生的稳定岗位逐渐减少,且这一趋势难以逆转;二是纯文科生通过创业实现就业的机会也越来越少。2021年"985高校"新设的97个专业中,历史学、艺术学、教育学、文学等文科专业分别只有1个、1个、1个、2个,与工科形成鲜明的对比。这也反映了社会对人才的需求。而且,大部分文科类专业偏理论,需要到实际岗位不断积累经验,故本书认为,文科类专业不宜设为应用型专业。

另外，应用型院校必须紧跟社会发展趋势，才能培养出社会上紧缺的应用型人才。因此，全国职业教育委员会中应该专门设置应用型专业调整部门，以实时地统筹、核准应用型专业的更新调整。

五、加强应用型教育的师资培养

从某种程度上来说，应用型教育的师资要求比理论型教育的师资要求还要高，因为应用型教育的老师既要有深厚的理论素养，又要有坚实的实践能力。传统院校的师资大部分偏理论，企业实际岗位的人才技术过硬而理论不扎实。因此，应用型院校的师资培养可以从以下几方面着手：

第一，加大师范院校对应用型教育师资的培养力度，甚至可以开办应用型教育类的师范大学，当然这样的大学要培养出合格甚至优秀的应用型师资，本身也要做到产教融合。

第二，对现有偏理论的教师进行实践能力的培训提升。聘请产业一线经验丰富、实践能力强的技术技能人才对教师进行培训，或者直接让教师去企业跟岗（或者顶岗）实习，采取师徒制培养模式。

第三，吸收企业的高级技术技能人才加入师资队伍（兼职或全职都可以），把企业的新技术、新方法和新工艺带到人才培养过程中去。构建教师多元评价体系，不以学历作为评价的唯一标准，并设置相应的激励机制吸引技能大师、能工巧匠、非遗传人等高技能人才充实教师队伍。

参考文献

[1] Chinmay S, Manish S. Digital transformation: Challenges faced by organizations and their potential solutions [J]. International Journal of Innovation Science, 2021（1）.

[2]Foster P. Vocational education and training: A major shift in World Bank policy[J]. Prospects, 1992（2）.

[3] Hinings B, Gegenhuber T, Greenwood R. Digital innovation and transformation [J].Information and Organization, 2018（1）.

[4] Hurd G E, Johnson T J. A reply to Professor Foster [J]. Sociology of Education, 1968（1）.

[5]Mustapha R B, Greenan J P. The role of vocational education in economic development in Malaysia: Educators′ and employers′ perspectives [J]. Journal of Industrial Teacher Education, 2002（2）.

[6]Ohimrei F O, Nwosu B O. The role of vocational and technical education in Nigeria economic development [J]. Educational Research Quarterly, 2013（3）.

[7]Psacharopoulos G. Vocational education and training today: Challenges and responses[J]. Journal of Vocational Education& Training, 1997（3）.

[8]Wu L, Lou B, Hitt L.Data analytics supports decentralized innovation[J]. Management Science, 2019（10）.

[9]Teece D J. Profiting from innovation in the digital economy [J].Research Policy, 2018（8）.

[10]Tilak J B G. Vocational education in South Asia: Problems and prospects [J]. International Review of Education, 1988（2）.

[11]陈东雄.全厂信息化建设方案与模式助力新建能源化工企业数字化转型[J].科学管理,2022（2）.

[12]陈琳,王钧铭,陈松.教育信息化2.0时代的职业教育创新发展[J].中国电化教育,2018(12).

[13]陈楠,蔡跃洲,马晔风.制造业数字化转型动机、模式与成效——基于典型案例和问卷调查的实证分析[J/OL].改革.https://kns.cnki.net/kcms/detail/50.1012.F.20220610.1022.002.html.

[14]陈小宁.区域经济发展与高等职业教育互助共生关系研究[J].中国成人教育,2020(12).

[15]范志莹.天津高等职业教育对地方经济发展贡献的实证分析与政策研究[J].理论与现代化,2021(1).

[16]傅志明,许晓燕.我国职业教育对经济增长的贡献率[J].教育与职业,2005(13).

[17]龚银银,段宗志.考虑规模差异的建筑企业数字化转型关键路径研究[J].建筑经济,2022(2).

[18]郭新华,于骁玥.我国中等职业教育对经济增长的贡献[J].科学·经济·社会,2010(33).

[19]杭永宝.中国教育对经济增长贡献率分类测算及其相关分析[J].教育研究,2007(2).

[20]黄岱渊,包红霞,车雅诗,陈建芳,夏天添.中小企业数字化转型如何提升企业效率[J].商展经济,2021(12).

[21]胡海,庄天慧.共生理论视域下农村产业融合发展:共生机制、现实困境与推进策略[J].农业经济问题,2020(8).

[22]胡青.企业数字化转型的机制与绩效[J].浙江学刊,2020(2).

[23]胡新等.推动中国职业教育发展的路径选择——来自不同职业教育类型回报差异的证据[J].宏观经济研究,2022(1).

[24]焦雨.本科层次职业教育发展的现状、挑战与对策[J].职业技术,2022(2).

[25]李长惠.中等职业教育对经济发展贡献研究[J].探索,2008(186).

[26]李奉书,黄婧涵.联盟创新网络嵌入性与企业技术创新绩效研究[J].中国软科学,2018(6).

[27]李慧巍.后疫情时期中小制造企业数字化转型及其绩效研究———浙江绍兴地区的调查[J].河北企业,2022(2).

[28]李军.瑞士职业教育的成功做法及启示[J].哈尔滨职业技术学院学报,2022(1).

[29]李礼,俞光祥,吴海天.高职教育发展与经济发展的协调关系分析[J].中国高等教育,2021(7).

[30]李立功.职业教育与现代经济发展的关系研究[J].高等职业教育(天津职业大学学报),2019(1).

[31]李秋斌.人工智能背景下高职人才培养的思考[J].职教论坛,2018(10).

[32]李汝.中等职业教育资源配置与地区经济增长关系研究[J].教育与职业,2009(13).

[33]李涛,林勇."城校互动"模式下职业教育投资对经济增长贡献率的实证研究[J].教育与职业,2007(15).

[34]李振.汤正浓时见真功:大变局重塑广东新优势多项"硬核"指标飘香全国[N].21世纪经济报道,2022-05-18(5).

[35]刘樑,金瑞丰,宋加山.数字经济下三线军工企业数字化转型路径选择机制研究[J/OL].科技进步与对策.https://kns.cnki.net/kcms/detail/42.1224.G3.20220215.0859.002.html

[36]刘吕亮.农村职业教育发展策略研究[J].农村·农业·农民,2022(1).

[37]刘晓娴,张鹏.装备制造企业数字化转型驱动机制研究——基于扎根理论对陕汽集团典型案例的分析[J].价格理论与实践,2021(9).

[38]卢晓中.基于"职普融通"的现代职业教育体系构建[J].河北师范大学学报(教育科学版),2022(1).

[39]吕玉曼,徐国庆.从强化到优化:职业教育类型属性确立的实践路径[J].现代教育管理,2022(2).

[40]米红,陈钱敏.中等职业教育与经济发展实证研究——以厦门经济特区为例[J].中国职业技术教育,2008(17).

[41]潘海生,程欣.基于成本与收益分析的国有企业职业教育办学困境

的形成与破解路径[J].高校教育管理,2020(4).

[42]祁占勇,王志远.经济发展与职业教育的耦合关系及其协同路径[J],教育研究,2020(3).

[43]沙玉娥,丁钢.人工智能时代职业教育的人文迁进[J].中国职业技术教育,2020(18).

[44]宋慧涛.经济新常态下高等职业教育经济发展关系的实证研究——基于中国2006—2016年数据[J].经济研究导刊,2021(9).

[45]苏荟,孙毅.欠发达地区中等职业教育与经济发展关联的实证研究——以新疆南疆地区为例[J].中国职业技术教育,2016(24).

[46]孙进,郭荣梅.双向贯通交叉结合趋同融合——德国职业教育与学术教育融通的三种模式[J].中国高教研究,2022(2).

[47]谭正桥.普职融通的现实困境及其破解[J].新课程研究(中旬刊).2019(2).

[48]陶林,李岩.企业数字化转型动因分析及建议[J].合作经济与科技,2022(4).

[49]仝伟.共生理论视域下我国高校体育残健融合研究[J].四川体育科学,2014(6).

[50]王峰.高考报名人数超千万高校生源池仍需多渠道引流[N],21世纪经济报道,2022-06-07(3).

[51]王峰.小镇青年零基础成为码农:IT培训的职业逆袭[N].21世纪经济报道,2022-04-08(6).

[52]王峰.专访北京电子科技职业学院党委书记张启鸿:开发区内办高职深度探索产教城融合[N].21世纪经济报道,2022-06-10(7).

[53]王海燕,沈有禄.西部地区中等职业教育与经济增长关系实证研究——基于中国1990—2009年的数据实证检验[J].职业技术教育,2012(1).

[54]王建华,李录堂,李俏.陕西省中等职业教育发展与经济增长的协整分析[J].陕西农业科学,2008(4).

[55]王军.高等职业教育与区域经济发展互动机制及实证研究——以东

莞为例[J].南方职业教育学刊,2021(1).

[56]王奕俊,赵晋.职业教育的规模、结构与质量对经济发展影响的实证
分析[J].教育经济评论,2017(1).

[57]王琳,徐涵.里加周期内欧盟促进职业教育与培训改革的路径选择
及启示[J].现代教育管理,2022(1).

[58]王婷,付功云.工程勘察设计企业数字化转型策略研究[J].中国工程
咨询,2022(2).

[59]王伟,孙芳城.职业教育规模和质量:哪个对经济增长影响更大?[J].
教育与经济,2017(6).

[60]王鑫明.论"人工智能+"现代学徒制创新型人才培养体系的构建[J].
教育与职业,2020(8).

[61]王雯,韩锡斌.信息时代职业教育混合教学要素及其关系[J].电化教
育研究,2022(2).

[62]王雅静.我国职业教育管辖权的演变格局——历史沿革、现实与展
望[J].苏州大学学报(教育科学版),2021(1).

[63]王燕,李秀花,巴合提努尔,牛风君.新疆地区中等职业教育与经济
增长关系的实证研究[J].职业技术教育,2017(8).

[64]王兆刚.中等职业教育投入与经济增长关系分析[J].公共管理,
2010(25).

[65]王振,李昊恩.普通教育与职业教育的沟通机制建构探析[J].长春师
范大学学报,2022(1).

[66]韦妙,李朦.人工智能对职业教育产教融合育人焦点及实践情境的
形塑[J].中国职业技术教育,2020(31).

[67]徐国庆.中等职业教育的基础性转向:类型教育的视角[J].教育研
究,2021(4).

[68]许玲.我国高等职业教育规模与经济增长关系的实证研究——基于
1992—2010年的数据分析[J].高教探索,2013(5).

[69]徐萍,蔡昭权,董鹏中,张逸琴,周克强.粤港澳大湾区高职院校AI+X
复合型人才培养路径探索[J].职业技术教育,2021(17).

[70]杨立平,陈义新,陈小敏.本科职业教育的人才培养困境和突破路径[J].西部学刊,2022(2).

[71]杨一.北川羌族自治县中等职业教育促进县域经济发展问题研究[J].职业技术教育,2008(16).

[72]姚玲.人工智能时代职业教育人才培养的升级表征与发展路径[J].职教论坛,2019(2);

[73]于伟.企业数字化转型的综合模型及竞争优势建构[J].技术经济与管理研究,2022(2).

[74]张大伟,孙源,李莹,满宪金,张朋,徐齐.职业教育助推乡村振兴的路径改革[J].新农业,2022(2).

[75]张更庆,刘先义.智能制造趋势下职业教育人才培养的困境与突破[J].成人教育,2021(4).

[76]张更庆,孙晓范.本科层次职业教育"人工智能+"人才培养探索[J].当代职业教育,2020(3).

[77]张海燕,王傲冰."一体三面":高职教育人才培养逻辑建构与实施路径[J].教育与职业,2019(22)

[78]张盼.高速公路企业数字化转型的路径研究[J].北方交通,2022(2).

[79]赵晓爽.京津冀职业教育规模对经济增长的实证研究[D].天津:天津职业技术师范大学,2018(30).

[80]赵志群.职业教育教学论:职业教育研究重要的基础性学科[J].中国高教研究,2022(2).

[81]郑青亭.专访波士顿咨询中国区执行合伙人吴淳:数字化时代中资企业出海如何乘风破浪?[N].21世纪经济报道,2022-05-16(9).

[82]郑玮.广东"职教高考"探索:建设六大升学渠道突破职教升学"天花板"[N].21世纪经济报道,2022-06-08(3).

[83]郑宇梅,周旺东.湖南职业教育发展策略探析——基于职业教育与经济发展互动关系的分析[J].湖南师范大学教育科学学报,2011(5).

[84]钟无涯.高职教育与经济增长—基于中国的经验证据:2004—2013

[J].教育与经济,2015(4).

[85]周宏,杨萌萌,王婷婷.中国中等职业教育对经济增长的影响[J].经济分析,2012(54).

[86]朱孟克,夏咏.传统企业数字化转型探析[J].时代经贸,2022(2).

[87]朱瑞.企业数字化转型"靠人"还是"靠事"[J].合作经济与科技,2022(6).

[88]朱秀梅,林晓玥,王天东.企业数字化转型战略与能力对产品服务系统的影响研究[J/OL].外国经济与管理. https://doi.org/10.16538/j.cnki.fem.20211220.401.

[89]朱志萍.智能释放:人工智能2.0时代教育的冲击与改变——兼论人工智能赋能高等职业教育[J].中国职业技术教育,2021(1).

[90]"2021年企业数字化转型困难统计"[J].中国科技信息,2022(2).

[91]智研咨询.2022—2028年中国智慧办公行业市场竞争策略及未来发展潜力报告[DB/OL],https://bbs.csdn.net/topics/607931373.